国家中等职业教育改革发展示范学校特色教材

物流单证制作

（第2版）

李　婷　刘春兰　陶梦然　主编

中国财富出版社

图书在版编目（CIP）数据

物流单证制作／李婷，刘春兰，陶梦然主编．—2 版．—北京：中国财富出版社，2019.7（2022.6 重印）

（国家中等职业教育改革发展示范学校特色教材）

ISBN 978－7－5047－6980－0

Ⅰ.①物…　Ⅱ.①李…②刘…③陶…　Ⅲ.①物流—原始凭证—中等专业学校—教材　Ⅳ.①F252

中国版本图书馆 CIP 数据核字（2019）第 136615 号

策划编辑　黄正丽　　**责任编辑**　邢有涛　黄正丽

责任印制　尚立业　　**责任校对**　孙会香　许　诺　　**责任发行**　敬　东

出版发行　中国财富出版社

社　　址　北京市丰台区南四环西路 188 号 5 区 20 楼　　**邮政编码**　100070

电　　话　010－52227588 转 2098（发行部）　010－52227588 转 321（总编室）

010－52227566（24 小时读者服务）　010－52227588 转 305（质检部）

网　　址　http：//www.cfpress.com.cn

经　　销　新华书店

印　　刷　北京九州迅驰传媒文化有限公司

书　　号　ISBN 978－7－5047－6980－0/F·3043

开　　本　787mm×1092mm　1/16　　**版　　次**　2019 年 8 月第 2 版

印　　张　13　　**印　　次**　2022 年 6 月第 2 次印刷

字　　数　239 千字　　**定　　价**　39.80 元

前言

（第 2 版）

随着物流业的发展，物流企业需要大量具有单证操作能力的专业人员，为满足企业人才需求，本教材系统阐述了物流单证详细操作流程，以物流单证的认知、制作及流转为背景，贯穿国际物流、仓储、运输等各个环节。

编者根据各兄弟院校使用本教材后提出的建议，在第 1 版的基础上进行了修改。教材基本框架不变，分为第一章仓储单证、第二章运输单证、第三章国际物流单证和第四章综合练习。每一节的学习从单证认识开始，学习单证的填制，最后进行巩固与提高。将第 1 版中的第一节“相关知识与拓展”的知识点融入各个章节中，并在每个章节增加了“巩固与提高”的案例以供练习之用，更新案例的同时在第四章综合练习中又增加了两套练习题。在内容上，第一章仓储单证包括入库单、储位分配单、退货申请单、出库单、拣货单、移库单和盘点单，此次修订增加了“第六节移库单”；第二章运输单证包括公路货运单、公路货物运输计划、取货通知单、集货单、货物运输险投保单、残损记录表、公路运输货物交接单、铁路货物运单与货票和水路货物运单，此次修订拓展了取货通知单、货物运输险投保单和公路运输货物交接单相关内容，新增“第六节残损记录表”，根据当前单据使用的通用性，删去了原章节货物清单、作业通知单和航空运输单三部分内容；第三章国际物流单证每一节在内容上增加了专业词汇的释义，更方便使用者理解。

为方便使用者，本教材提供每章节“巩固与提高”中案例练习和第四章综合练习的参考答案，同时为授课教师提供相关的教学资源，有需要者可联系邮箱 546900122@qq. com 获取。

本教材适用于职业院校物流及相关专业教学使用，亦适合从事物流单证岗位的人士参考。由于编者水平有限，教材中难免存在诸多的不足和欠缺，在此恳请各位专家和同行批评指正。

编　者

2018年12月

目　录

第一章　仓储单证

仓储作业按照物流对象的流向可简单分为入库作业、在库作业、出库作业三种。入库作业包括验单、收货、验货、货单核对、搬运摆放、系统记录等；在库作业包括存货环境、货位码放、库内整理、在库盘点等；出库作业包括验单、拣货搬运、货品打包、出库验货、发货装车、系统记录等。

仓储单证主要包括入库单、储位分配单、退货申请单、出库单、拣货单、移库单和盘点单。

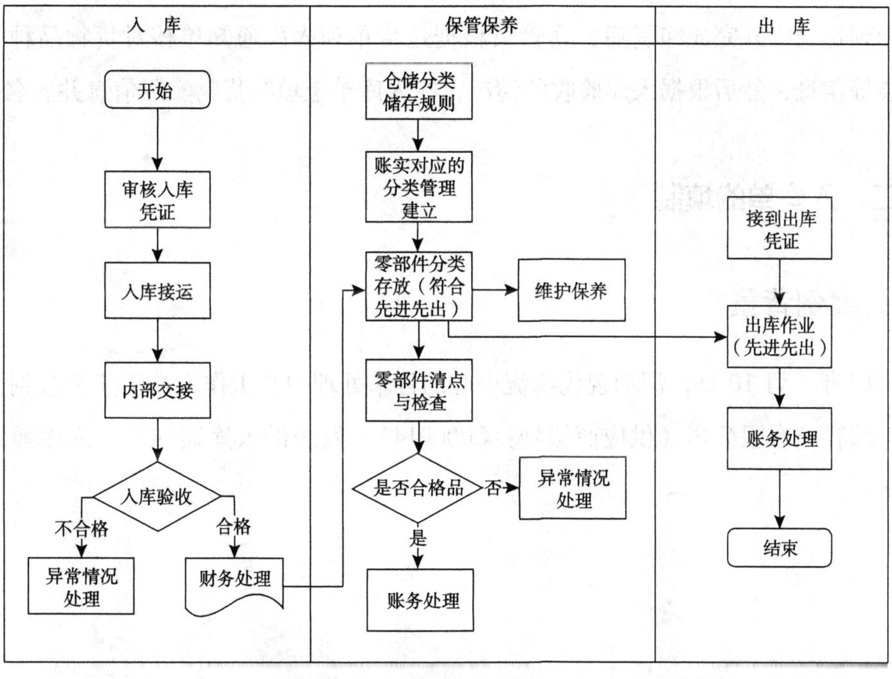

仓储业务流程

第一节 入库单

一、入库作业与入库单的认识

商品入库作业的整个过程包括商品入库接运、办理入库交接手续、商品入库验收等一系列业务活动。在商品入库前，仓储管理人员根据仓储合同、入库单和入库计划及时进行库场准备，保证物资按时入库。

入库单是货物验收入库时由仓储部门编制、填写的货物入库凭证。入库单一般有四联：第一联是留存联，由开单人员自存；第二联是记账联，交财务人员记账；第三联是验收联，交送货方以备结算；第四联是结算联，是双方财务结算收款或付款的凭证。

在货物到达仓库之前，客户会与仓储部门进行沟通，将入库通知单通过邮件、传真等方式发给仓储部门。仓储部门根据货物的属性与仓库的存储情况安排存储位置。信息员根据入库通知单上的信息编制入库单，交给仓管员，为商品入库做好准备工作。当货物到达仓库并完成卸货后，仓管员根据送货单和入库通知单核对货物品种、数量和包装等信息，然后根据入库验收的情况，在入库单上填写货物实际信息并签名确认。

二、入库单的填制

1. 案例背景①

2017年1月10日，深圳现代物流中心的订单处理中心工作人员王美笑收到供应商广州速腾科技有限公司（供应商编号：G0000143）发来的入库通知单，入库通知单信息如下：

① 本书所有案例涉及的信息仅供教学之用，并不与实际信息相符。

<table>
<tr><td colspan="7">广州速腾科技有限公司
入库通知单</td></tr>
<tr><td colspan="7">入库通知单号：ASN201700111047
客户：深圳现代物流中心
收货地址：深圳市宝安区石沙路八方物流园
收货人：李辉　　　　　　　　电话：0755－2896××××
发货日期：2017年1月11日　　　计划到货日期：2017年1月12日</td></tr>
<tr><td>序号</td><td>物料编号</td><td>物料名称</td><td>规格</td><td>单位</td><td>计划数量</td><td>备注</td></tr>
<tr><td>1</td><td>SX0012</td><td>奥速摄像头</td><td>12台/箱</td><td>箱</td><td>30</td><td></td></tr>
<tr><td>2</td><td>SX0013</td><td>罗技摄像头</td><td>12台/箱</td><td>箱</td><td>60</td><td></td></tr>
<tr><td>3</td><td>SX0014</td><td>云石摄像头</td><td>12台/箱</td><td>箱</td><td>35</td><td></td></tr>
<tr><td>4</td><td>SX0015</td><td>小蚁摄像头</td><td>12台/箱</td><td>箱</td><td>55</td><td></td></tr>
<tr><td colspan="5">合计</td><td>180</td><td></td></tr>
<tr><td colspan="2">制单人：王群</td><td colspan="2">审核人：胡勇</td><td colspan="3">第1页　共1页</td></tr>
</table>

2017年1月12日10：30，货物到达深圳现代物流中心，仓管员李辉根据入库通知单和送货司机提供的送货单对货物进行核对验收。在验收过程中，李辉发现有9箱编号为SX0015的小蚁摄像头的外包装破损，里面的物料已经变形，通过和供应商协商，当场拒收了这9箱小蚁摄像头并由送货司机直接带回给供应商，而其他货物均与入库通知单和送货单一致。根据物料存放规则和仓库可用货位情况将质量合格的物料统一入库到仓库编号为KF001的仓库，库区为数码1区。

制单要求：

请以深圳现代物流中心仓管员李辉的身份制作编号为RKD101的入库单且进行反馈。

2. 制单说明

入库单

<table>
<tr><td colspan="6"></td><td>入库单号</td><td>（1）</td></tr>
<tr><td>仓库编号</td><td colspan="7">（2）</td></tr>
<tr><td>供应商名称</td><td colspan="3">（3）</td><td>供应商编号</td><td>（3）</td><td>制单时间</td><td>（4）</td></tr>
<tr><td>入库通知单号</td><td colspan="7">（5）</td></tr>
<tr><td>物料名称</td><td>物料编号</td><td>规格</td><td>单位</td><td>计划数量</td><td>实际数量</td><td>批次</td><td>备注</td></tr>
<tr><td>（6）</td><td>（6）</td><td>（6）</td><td>（6）</td><td>（6）</td><td>（7）</td><td>（8）</td><td>（8）</td></tr>
<tr><td></td><td></td><td></td><td></td><td></td><td></td><td></td><td></td></tr>
<tr><td></td><td></td><td></td><td></td><td></td><td></td><td></td><td></td></tr>
<tr><td></td><td></td><td></td><td></td><td></td><td></td><td></td><td></td></tr>
<tr><td></td><td></td><td></td><td></td><td></td><td></td><td></td><td></td></tr>
<tr><td>仓管员（签字）</td><td colspan="2">（9）</td><td colspan="2">制单人</td><td colspan="3">（10）</td></tr>
</table>

（1）入库单号：每张入库单都有相应的入库单号，填写实际的入库单号即可。

（2）仓库编号：填写入库的实际仓库编号。

（3）供应商名称、供应商编号：填写实际供应商的名称和编号。

（4）制单时间：填写制单当天的日期。

（5）入库通知单号：入库通知单由供应商发出，填写入库通知单的单号即可。

（6）物料名称、物料编号、规格、单位、计划数量：根据入库通知单上的物料信息进行填写。

（7）实际数量：此处由仓管员根据实际情况进行填写。

（8）批次、备注：入库通知单中没有说明则不需要填写。

（9）仓管员（签字）：凡有“（签字）”字样的，表示需要该人手写签名。

（10）制单人：填写实际制单人的姓名。

3. 单证填制

（1）以仓管员李辉的身份制作编号为 RKD101 的入库单，如下所示：

入库单

<table>
<tr><td colspan="6"></td><td>入库单号</td><td>RKD101</td></tr>
<tr><td>仓库编号</td><td colspan="7">KF001</td></tr>
<tr><td>供应商名称</td><td colspan="2">广州速腾科技有限公司</td><td>供应商编号</td><td>G0000143</td><td>制单时间</td><td colspan="2">2017 年 1 月 12 日</td></tr>
<tr><td>入库通知单号</td><td colspan="7">ASN201700111047</td></tr>
<tr><td>物料名称</td><td>物料编号</td><td>规格</td><td>单位</td><td>计划数量</td><td>实际数量</td><td>批次</td><td>备注</td></tr>
<tr><td>奥速摄像头</td><td>SX0012</td><td>12 台/箱</td><td>箱</td><td>30</td><td></td><td></td><td></td></tr>
<tr><td>罗技摄像头</td><td>SX0013</td><td>12 台/箱</td><td>箱</td><td>60</td><td></td><td></td><td></td></tr>
<tr><td>云石摄像头</td><td>SX0014</td><td>12 台/箱</td><td>箱</td><td>35</td><td></td><td></td><td></td></tr>
<tr><td>小蚁摄像头</td><td>SX0015</td><td>12 台/箱</td><td>箱</td><td>55</td><td></td><td></td><td></td></tr>
<tr><td>仓管员（签字）</td><td colspan="2"></td><td colspan="2">制单人</td><td colspan="3">李辉</td></tr>
</table>

（2）以仓管员李辉的身份对入库单进行反馈，即仓管员李辉填写入库单，完成后的入库单如下所示：

入库单

<table>
<tr><td colspan="6"></td><td>入库单号</td><td>RKD101</td></tr>
<tr><td>仓库编号</td><td colspan="7">KF001</td></tr>
<tr><td>供应商名称</td><td colspan="2">广州速腾科技有限公司</td><td>供应商编号</td><td>G0000143</td><td>制单时间</td><td colspan="2">2017 年 1 月 12 日</td></tr>
<tr><td>入库通知单号</td><td colspan="7">ASN201700111047</td></tr>
<tr><td>物料名称</td><td>物料编号</td><td>规格</td><td>单位</td><td>计划数量</td><td>实际数量</td><td>批次</td><td>备注</td></tr>
<tr><td>奥速摄像头</td><td>SX0012</td><td>12 台/箱</td><td>箱</td><td>30</td><td>30</td><td></td><td></td></tr>
<tr><td>罗技摄像头</td><td>SX0013</td><td>12 台/箱</td><td>箱</td><td>60</td><td>60</td><td></td><td></td></tr>
<tr><td>云石摄像头</td><td>SX0014</td><td>12 台/箱</td><td>箱</td><td>35</td><td>35</td><td></td><td></td></tr>
<tr><td>小蚁摄像头</td><td>SX0015</td><td>12 台/箱</td><td>箱</td><td>55</td><td>46</td><td></td><td></td></tr>
<tr><td>仓管员（签字）</td><td colspan="2">李辉</td><td colspan="2">制单人</td><td colspan="3">李辉</td></tr>
</table>

三、巩固与提高

杭州康佳食品公司委托舟山海洋渔业公司（以下简称“舟山渔业”）从孟加拉国进口一批冻鲳鱼。舟山渔业委托宁波北仑货代有限公司（报检单位登记号：123546）代为办理进口报检报关手续，货物于2017年4月10日进境。

2017年4月14日，舟山渔业订单处理中心李明根据收到的电放提单填制入库通知单，并向仓库发出入库通知，准备货物的入库操作。入库通知单如下：

<table>
<tr><td colspan="7">入库通知单</td></tr>
<tr><td colspan="7">入库通知单号：ASN201703130001
供应商：孟加拉国尼帕海洋食品公司
供应商编号：S0000721
入库库房：1号冷冻仓库　　仓库编号：RF001
接货人：赵伟　　电话：0580－5226××××
计划到货日期：2017年4月15日</td></tr>
<tr><td>序号</td><td>物料编号</td><td>物料名称</td><td>规格</td><td>单位</td><td>计划数量</td><td>备注</td></tr>
<tr><td>1</td><td>5300020－27</td><td>冻鲳鱼</td><td>50～100</td><td>箱</td><td>204</td><td></td></tr>
<tr><td>2</td><td>5300020－28</td><td>冻鲳鱼</td><td>100～150</td><td>箱</td><td>117</td><td></td></tr>
<tr><td>3</td><td>5300020－29</td><td>冻鲳鱼</td><td>130～300</td><td>箱</td><td>180</td><td></td></tr>
<tr><td colspan="5">合计</td><td>501</td><td></td></tr>
<tr><td colspan="2">制单人：李明</td><td colspan="2">审核人：王晶</td><td colspan="3">第1页　共1页</td></tr>
</table>

2017年4月15日上午，该批货物到达舟山渔业指定存储仓库，供应商孟加拉国尼帕海洋食品公司的所有物料的出入库和库内保管由仓储部的仓管员赵伟负责。仓管员赵伟依据货物验收标准，查验货物。货物经验收全部合格，并且和入库通知单一致，仓管员赵伟根据入库通知单和实际收货情况编制入库单号为ZYJHDH867的入库单。

制单要求：

请以舟山海洋渔业公司仓管员赵伟的身份编制入库单。

四、自我评价

评价内容	自我评价		
	掌握	理解	模糊
入库单的作用			
入库单的流转程序			
根据案例正确填制入库单			

第二节　储位分配单

一、储位管理与储位分配单的认识

储位管理就是利用储位来使商品处于“被保管状态”并且能够明确显示所储存的位置，同时当商品的位置发生变化时能够准确记录，使管理者能够随时掌握商品的数量、位置以及去向。储位分配单就是记录商品入储位时的数量、位置等明细的凭证。货物储位安排会直接影响仓库的使用效率和货物的出入库作业效率。

储位管理的对象，分为保管商品和非保管商品两部分：保管商品是指在仓库储存区域中的保管商品；非保管商品是指包装材料、辅助材料、回收材料。在仓库的所有作业中，所用到的保管区域均是储位管理的范围，根据作业方式不同分为预备储区、保管储区、动管储区。

储位管理的原则主要有以下四点。

（1）储位标识明确：先将储存区域详细划分，并加以编号，让每一种预备存储的商品都有位置可以存放。

（2）储位分配合理：体积重量大的货物和周转率高的货物应储存在货架底层或进出方便的区域。

（3）储位数量合理：货品储位的数量要根据进出库量和库存量的大小来确定，库存量大的，储位数量就多。

（4）变动更新及时：只要储存货品的位置或数量发生改变，就必须要及时更新记录，做到账实相符。

仓管员按照仓库实际情况和货物的存放要求，遵循储位分配原则进行储位分配，编制储位分配单。仓管员将编制好的储位分配单交给操作员，由操作员按照储位分配单上的指令进行货物的上架作业，上架完毕后，操作员在储位分配单“实放数量”一栏填写实际操作的数量，并签名确认。

二、储位分配单的填制

1. 案例背景

2017 年 1 月 11 日，深圳现代物流中心收到供应商广州速腾科技有限公司发来的入库通知单，1 月 12 日编制了入库单号为 RKD101 的入库单，如下所示：

入库单

						入库单号	RKD101
仓库编号	KF001						
供应商名称	广州速腾科技有限公司		供应商编号	G0000143	制单时间	2017 年 1 月 12 日	
入库通知单号	ASN201700111047						
物料名称	物料编号	规格	单位	计划数量	实际数量	批次	备注
奥速摄像头	SX0012	12 台/箱	箱	30	30		
罗技摄像头	SX0013	12 台/箱	箱	60	60		
云石摄像头	SX0014	12 台/箱	箱	35	35		
小蚁摄像头	SX0015	12 台/箱	箱	55	46		
仓管员（签字）	李辉		制单人		李辉		

1 月 12 日 14：00，仓储部经理周航要求仓管员李辉按照仓库的储位分配原则和实际可用储位情况对货物进行储位安排，并由操作员郑同将货物进行上架。

根据仓库的储位分配原则和实际可用储位情况将质量合格的物料入库到仓库编号为 KF001 的商品 1 号库，库区为数码 1 区，其中奥速摄像头（SX0012）储存到编号为 C00001 储位，罗技摄像头（SX0013）储存到编号为 C00002 储位，云石摄像头（SX0014）储存到编号为 C00003 储位，小蚁摄像头（SX0015）储存到编号为 C00004 储位。

制单要求：

（1）请以深圳现代物流中心仓管员李辉的身份制作储位分配单号为 CWFP101 的储位分配单。

（2）请以操作员郑同的身份进行储位分配单反馈。

2. 制单说明

储位分配单

<table>
<tr><td colspan="7"></td><td colspan="1">作业单号</td><td colspan="2">（1）</td></tr>
<tr><td colspan="2">入库单号</td><td colspan="5">（2）</td><td colspan="1">仓库编号</td><td colspan="2">（3）</td></tr>
<tr><td colspan="2">仓管员</td><td colspan="5">（4）</td><td colspan="1">日期</td><td colspan="2">（5）</td></tr>
<tr><td colspan="10">作业明细</td></tr>
<tr><td>序号</td><td>库区</td><td>储位</td><td>物料名称</td><td>物料编号</td><td>规格</td><td>单位</td><td>应放数量</td><td>实放数量</td><td>备注</td></tr>
<tr><td>（6）</td><td>（7）</td><td>（7）</td><td>（8）</td><td>（8）</td><td>（8）</td><td>（8）</td><td>（8）</td><td>（9）</td><td>（10）</td></tr>
<tr><td></td><td></td><td></td><td></td><td></td><td></td><td></td><td></td><td></td><td></td></tr>
<tr><td></td><td></td><td></td><td></td><td></td><td></td><td></td><td></td><td></td><td></td></tr>
<tr><td></td><td></td><td></td><td></td><td></td><td></td><td></td><td></td><td></td><td></td></tr>
<tr><td></td><td></td><td></td><td></td><td></td><td></td><td></td><td></td><td></td><td></td></tr>
<tr><td colspan="2">制单人</td><td colspan="5">（11）</td><td colspan="1">作业人（签字）</td><td colspan="2">（12）</td></tr>
</table>

（1）作业单号：该单号为编写储位分配单的编号。

（2）入库单号：根据入库单填写入库单号。

（3）仓库编号：货物入储位的实际仓库编号。

（4）仓管员：填写实际仓管员。

（5）日期：填写实际制单日期。

（6）序号：从数字“1”开始填写。

（7）库区、储位：根据实际情况填写。

（8）物料名称、物料编号、规格、单位、应放数量：根据实际情况填写哪些货物入了储位；如果有货物不符合标准并进行退货处理的，注意减去该部分货品数量，剩余货物再入储位。

（9）实放数量：填写实际操作的数量。

（10）备注：如果没有特殊说明，则不需要填写。

（11）制单人：填写实际制单人的姓名。

（12）作业人（签字）：凡有“（签字）”字样的，表示需要该人手写签名。

3. 单证填制

（1）以仓管员李辉身份制作编号 CWFP101 的储位分配单，完成后的储位分配单如下所示：

储位分配单

<table>
<tr><td colspan="6"></td><td colspan="2">作业单号</td><td colspan="2">CWFP101</td></tr>
<tr><td colspan="2">入库单号</td><td colspan="4">RKD101</td><td colspan="2">仓库编号</td><td colspan="2">KF001</td></tr>
<tr><td colspan="2">仓管员</td><td colspan="4">李辉</td><td colspan="2">日期</td><td colspan="2">2017 年 1 月 12 日</td></tr>
<tr><td colspan="10">作业明细</td></tr>
<tr><td>序号</td><td>库区</td><td>储位</td><td>物料名称</td><td>物料编号</td><td>规格</td><td>单位</td><td>应放数量</td><td>实放数量</td><td>备注</td></tr>
<tr><td>1</td><td>数码 1 区</td><td>C00001</td><td>奥速摄像头</td><td>SX0012</td><td>12 台/箱</td><td>箱</td><td>30</td><td></td><td></td></tr>
<tr><td>2</td><td>数码 1 区</td><td>C00002</td><td>罗技摄像头</td><td>SX0013</td><td>12 台/箱</td><td>箱</td><td>60</td><td></td><td></td></tr>
<tr><td>3</td><td>数码 1 区</td><td>C00003</td><td>云石摄像头</td><td>SX0014</td><td>12 台/箱</td><td>箱</td><td>35</td><td></td><td></td></tr>
<tr><td>4</td><td>数码 1 区</td><td>C00004</td><td>小蚁摄像头</td><td>SX0015</td><td>12 台/箱</td><td>箱</td><td>46</td><td></td><td></td></tr>
<tr><td colspan="2">制单人</td><td colspan="3">李辉</td><td colspan="2">作业人（签字）</td><td colspan="3"></td></tr>
</table>

（2）以操作员郑同的身份进行储位分配单反馈，反馈后的储位分配单如下所示：

储位分配单

<table>
<tr><td colspan="6"></td><td colspan="2">作业单号</td><td colspan="2">CWFP101</td></tr>
<tr><td colspan="2">入库单号</td><td colspan="4">RKD101</td><td colspan="2">仓库编号</td><td colspan="2">KF001</td></tr>
<tr><td colspan="2">仓管员</td><td colspan="4">李辉</td><td colspan="2">日期</td><td colspan="2">2017 年 1 月 12 日</td></tr>
<tr><td colspan="10">作业明细</td></tr>
<tr><td>序号</td><td>库区</td><td>储位</td><td>物料名称</td><td>物料编号</td><td>规格</td><td>单位</td><td>应放数量</td><td>实放数量</td><td>备注</td></tr>
<tr><td>1</td><td>数码 1 区</td><td>C00001</td><td>奥速摄像头</td><td>SX0012</td><td>12 台/箱</td><td>箱</td><td>30</td><td>30</td><td></td></tr>
<tr><td>2</td><td>数码 1 区</td><td>C00002</td><td>罗技摄像头</td><td>SX0013</td><td>12 台/箱</td><td>箱</td><td>60</td><td>60</td><td></td></tr>
<tr><td>3</td><td>数码 1 区</td><td>C00003</td><td>云石摄像头</td><td>SX0014</td><td>12 台/箱</td><td>箱</td><td>35</td><td>35</td><td></td></tr>
<tr><td>4</td><td>数码 1 区</td><td>C00004</td><td>小蚁摄像头</td><td>SX0015</td><td>12 台/箱</td><td>箱</td><td>46</td><td>46</td><td></td></tr>
<tr><td colspan="2">制单人</td><td colspan="3">李辉</td><td colspan="2">作业人（签字）</td><td colspan="3">郑同</td></tr>
</table>

三、巩固与提高

上海化工进出口公司拥有进出口经营权，主要经营化工机械类产品的进出口业务。多年来，公司不断开拓国际市场，其出口产品已远销欧洲、美洲、非洲、亚洲近50个国家和地区，并且在国际市场上享有良好的声誉。

麦吉国际贸易有限公司是埃塞俄比亚一家经营化工产品的知名公司，其业务网络遍布世界各地。近期，公司决定从中国进口一批传送带，并将询价单分发给几家与之有贸易往来的中国外贸公司，经过性价比分析，最后与上海化工进出口公司签订了合同。

3月15日8：00，上海大通洋山货运站赵子晨收到托运单号为4710000000010的货物后，随即安排货物的入库，货物存放在编号为KF001的仓库。上海化工进出口公司的所有货物的出入库和库内保管均由仓管员卞正阳负责，上海化工进出口公司的客户编号为S0000789。当天，仓管员卞正阳根据入库通知单（单号为ASN201802130105）编制入库单号为ZYJHDH867的入库单。货物经验收，全部合格，并且和入库通知单一致。

入库单如下所示：

入库单

<table>
<tr><td colspan="6"></td><td>入库单号</td><td colspan="2">ZYJHDH867</td></tr>
<tr><td>仓库编号</td><td colspan="8">KF001</td></tr>
<tr><td>供应商名称</td><td colspan="2">上海化工进出口公司</td><td>供应商编号</td><td>S0000789</td><td>制单时间</td><td colspan="3">2017年3月15日</td></tr>
<tr><td>入库通知单号</td><td colspan="8">ASN201802130105</td></tr>
<tr><td>物料名称</td><td>物料编号</td><td>规格</td><td>单位</td><td>计划数量</td><td colspan="2">实际数量</td><td>批次</td><td>备注</td></tr>
<tr><td>传送带</td><td>GT001</td><td>100mm×4P×350</td><td>箱</td><td>60</td><td colspan="2"></td><td></td><td></td></tr>
<tr><td>传送带</td><td>GT002</td><td>125mm×4P×350</td><td>箱</td><td>40</td><td colspan="2"></td><td></td><td></td></tr>
<tr><td></td><td></td><td></td><td></td><td></td><td colspan="2"></td><td></td><td></td></tr>
<tr><td></td><td></td><td></td><td></td><td></td><td colspan="2"></td><td></td><td></td></tr>
<tr><td></td><td></td><td></td><td></td><td></td><td colspan="2"></td><td></td><td></td></tr>
<tr><td>仓管员（签字）</td><td colspan="2"></td><td colspan="2">制单人</td><td colspan="4">卞正阳</td></tr>
</table>

当日，仓管员卞正阳计划将质量合格的传送带统一入库到仓库编号为 KF001 的 1 号库的出口 7 区。

传送带的存放规则如下所示：

物料名称	物料编号	规格	可存放储位	储位存放限额（箱）
传送带	GT001	100mm×4P×350	A00100	20
			A00101	30
			A00102	30
			A00103	30
	GT002	125mm×4P×350	B00101	20
			B00102	20
			B00103	20
			B00104	20

卞正阳以此制作了作业单号为 IB0000120111 的储位分配单，交给搬运组黄文山进行货物入储位作业，作业结果由搬运组黄文山在储位分配单上反馈。储位按照次序依次放满（即储位数值由小到大）。

制单要求：

请以上海大通洋山货运站搬运组黄文山的身份填制储位分配单。

四、自我评价

评价内容	自我评价		
	掌握	理解	模糊
储位分配单的作用			
储位分配单的流转程序			
根据案例正确填制储位分配单			

第三节　退货申请单

一、退货和退货申请单的认识

凡货物进入仓库储存，必须经过检查验收，只有验收后的货物，方可入库保管。检验货物是仓储业务中的一个重要环节，包括检验数量、检验质量和检验包装三方面的内容，即复核货物数量是否与入库凭证相符，货物质量是否符合规定的要求，货物包装能否保证货物储存和运输过程中的安全。检验合格的货物可以入仓，检验不合格的货物要进行相应的退货处理。

仓库的退货工作主要涉及仓管部、质检部和采购部。当货物入库后，仓管部门需要将货物送往质检部门进行检验；质检部门检验完成后，需要出具检验报告，对于检验不合格的商品，质检部门要提供证明材料；接下来，仓管部门要将不合格货物进行统一放置，并将检测报告转交给采购部门，由采购部门联系供应商确定相关的退货事宜。

退货申请单就是买方进行退货时使用的一种凭证，包括退货商品的明细和质检单号等相关信息。

二、退货申请单的填制

1. 案例背景

2017 年 1 月 11 日，深圳现代物流中心收到供应商广州速腾科技有限公司发来的入库通知单，1 月 12 日编制了入库单号为 RKD101 的入库单，如下所示：

入库单

						入库单号	RKD101
仓库编号	KF001						
供应商名称	广州速腾科技有限公司		供应商编号	G0000143	制单时间	2017 年 1 月 12 日	
入库通知单号	ASN201700111047						
物料名称	物料编号	规格	单位	计划数量	实际数量	批次	备注
奥速摄像头	SX0012	12 台/箱	箱	30	30		
罗技摄像头	SX0013	12 台/箱	箱	60	60		
云石摄像头	SX0014	12 台/箱	箱	35	35		
小蚁摄像头	SX0015	12 台/箱	箱	55	46		
仓管员（签字）	李辉		制单人		李辉		

仓管员李辉先将货物放入暂存区，然后将四种货物交给了质检 2 科的质检员范丽进行质量检验。2017 年 1 月 12 日下午，仓管员李辉收到由质检员范丽开具的这批入库物料的质检报告，质检报告的质检单号为 QT201701120201，内容显示编号为 SX0014 的云石摄像头有 4 箱质量不合格（不合格原因为：数据传输未加密），其他三种货物质量均合格。仓管员李辉将本批货物的质检情况反馈给了采购部的采购员洪明。

制单要求：

（1）请以采购员洪明的身份编制退货申请单号为 THD101 的退货申请单。

（2）请以仓管员李辉的身份进行退货申请单反馈。

2. 制单说明

退货申请单

						退货单号	(1)
供应商名称	(2)					申请日期	(3)
物料名称	物料编号	规格	单位	退货数量	质检单号	退货原因	备注
(4)	(4)	(4)	(4)	(4)	(5)	(6)	(7)
制单人	(8)		仓管员		(9)		

（1）退货单号：填写实际退货单号。

（2）供应商名称：填写实际供应商名称。

（3）申请日期：填写制单当天日期。

（4）物料名称、物料编号、规格、单位、退货数量：按实际情况填写。

（5）质检单号：商品不合格需要退货时，需要先进行质检，进行质检产生的单据号就是质检单号。

（6）退货原因：填写进行质量检测得出的原因。

（7）备注：如无特别说明则不需要填写。

（8）制单人：填写实际制单人姓名。

（9）仓管员：填写实际仓管员姓名。

3. 单证填制

（1）以采购员洪明的身份制作编号为 THD101 的退货申请单，完成后的退货申请单如下所示：

退货申请单

						退货单号	THD101
供应商名称	广州速腾科技有限公司					申请日期	2017 年 1 月 12 日
物料名称	物料编号	规格	单位	退货数量	质检单号	退货原因	备注
云石摄像头	SX0014	12 台/箱	箱	4	QT201701120201	数据传输未加密	
制单人	洪明			仓管员			

（2）以仓管员李辉的身份进行退货申请单反馈，反馈后的退货申请单如下所示：

退货申请单

						退货单号	THD101
供应商名称	广州速腾科技有限公司					申请日期	2017 年 1 月 12 日
物料名称	物料编号	规格	单位	退货数量	质检单号	退货原因	备注
云石摄像头	SX0014	12 台/箱	箱	4	QT201701120201	数据传输未加密	
制单人	洪明			仓管员	李辉		

三、巩固与提高

2017 年 5 月 9 日，广州银沙订单处理中心李明根据收到的电放提单填制入库通知单，并向仓库发出入库通知，准备货物的入库操作。入库通知单如下：

<table>
<tr><td colspan="7">入库通知单</td></tr>
<tr><td colspan="7">入库通知单号：ASN201703130001
供应商：丹麦 F. L. SMIDTH 公司　　供应商编号：S0000722　　入库库房：1 号库
接货人：赵伟　　电话：020－5226××××
计划到货日期：2017 年 5 月 10 日</td></tr>
<tr><td>序号</td><td>物料编号</td><td>物料名称</td><td>规格</td><td>单位</td><td>计划数量</td><td>备注</td></tr>
<tr><td>1</td><td>G0001</td><td>自行车</td><td>2 辆/箱</td><td>箱</td><td>600</td><td></td></tr>
<tr><td colspan="5">合计</td><td>600</td><td></td></tr>
<tr><td colspan="2">制单人：李明</td><td colspan="3">审核人：王晶</td><td colspan="2">第 1 页　共 1 页</td></tr>
</table>

2017 年 5 月 10 日上午，该批货物到达广州银沙，供应商丹麦 F. L. SMIDTH 公司的所有物料的出入库和库内保管均由仓储部的仓管员赵伟负责。

货物验收时，发现有 50 箱货物运输途中受挤压，钢圈有断裂的情况，仓管员赵伟随即与业务部门联系，将这 50 箱货物放入不合格品区，等待处理，其他合格货物入库。

当日，仓管员赵伟把这 50 箱损坏货物交由质检 2 科的质检员华新负责质量检验。下午，仓管员赵伟收到由质检员华新开具的这批入库物料的质检报告，质检报告的质检单号为 QT012304507，内容显示编号为 G0001 的自行车因受挤压，钢圈有断裂，部分配件变形，无法正常销售（不合格原因为：钢圈有断裂，部分配件变形）。采购员潘桥龙根据相关的采购协议、入库单和质检报告，编制退货单号为 RT00210325 的退货申请单（其中质检报告中的不合格原因作为退货原因）并通知供应商退货。

制单要求：

请以广州银沙仓管员赵伟的身份填制退货申请单。

四、自我评价

评价内容	自我评价		
	掌握	理解	模糊
退货申请单的作用			
退货申请单的流转程序			
根据案例正确填制退货申请单			

第四节　出库单

一、出库作业和出库单的认识

出库作业是仓库根据客户开出的发货通知单，按照所列的货物名称、规格、数量等项目，组织货物出库，并进行验证、配货、复核、点交、登账等工作的总称。是仓库业务活动的最终环节。商品出库应贯彻“先进先出”的原则。

出库作业的基本步骤包括以下六点。

1. 核单备料

发放货物必须有正式的出库凭证，严禁无单或白条发料。仓管员接到出库凭证后，应仔细核对，这就是出库业务的核单（验单）工作。

2. 复核

为防止差错，备料后应立即进行复核。出库的复核形式主要有专职复核、交叉复核和环环复核 3 种。复核的内容包括名称、规格、型号、批次、数量等项目。

3. 包装

出库的货物如果没有符合运输方式所要求的包装，应进行包装。根据货物外形特点，选用适宜包装材料，其重量和尺寸应便于装卸和搬运。

4. 点交

出库货物复核后，要与提货人员进行清点交接，交清后，由仓管员在出库单上填写数量并签字，提货人员在出库单上签章。

5. 登账

仓管员办理销卡和登账手续，填写货卡和货位明细账。

6. 清理

现场清理包括清理库存货物、库房、场地、设备和工具等。

出库单是商家之间互相调货的凭证，是为了方便对账和结算，减少现金支付的一种手段。出库单一式多份，一般为买家、卖家、存根、交易支付，用不同颜色区分。上面填有货品名、数量、单价、交易额以及买卖方、经手人、日期等信息。

二、出库单的填制

1. 案例背景

2017 年 5 月 6 日，深圳现代物流中心王美笑收到货主广州腾琪有限公司的发货通知单，发货通知单信息如下：

广州腾琪有限公司
发货通知单

发货通知单号：ASN201705061123
收货客户：北海银湾有限公司　收货地址：广西壮族自治区北海市海城区 1 号物流园
收货人：胡亚　收货人电话：0779－3210××××　发货日期：2017 年 5 月 7 日
发货仓库：深圳现代物流中心　仓库地址：深圳市宝安区石沙路八方物流园
仓库类别：第三方物流仓库
仓库联系人：李辉　仓库电话：0755－2896××××

序号	货品编号	货品名称	规格	单位	计划数量	实际数量	备注
1	A1726	芭蕉晴雨伞	24 把/箱	箱	25		
2	3311E	天堂晴雨伞	24 把/箱	箱	20		
3	JD9907	红叶晴雨伞	24 把/箱	箱	25		
合计					70		

制单人：朱毅　审核人：赵丹　第 1 页　共 1 页

信息员许薇首先根据发货通知单查询库存情况，广州腾琪有限公司所有货品都存放在仓库编号为 KF011 的仓库，该货主的所有货品的库存情况如下：

库区	储位	货品编号	货品名称	规格	单位	质量状态	库存数量	批次	入库日期
日用品 1 区	R10001	A1726	芭蕉晴雨伞	24 把/箱	箱	正常	50	20161001	2017/4/8
日用品 1 区	R10002	M5003	美度晴雨伞	24 把/箱	箱	正常	45	20160920	2017/3/29
日用品 1 区	R10003	3311E	天堂晴雨伞	24 把/箱	箱	正常	20	20161118	2017/3/29
日用品 1 区	R10004	3311E	天堂晴雨伞	24 把/箱	箱	正常	15	20160805	2017/1/19
日用品 2 区	R20005	KB5856-001	酷波德晴雨伞	24 把/箱	箱	正常	50	20160805	2017/1/19
日用品 2 区	R20006	JD9907	红叶晴雨伞	24 把/箱	箱	正常	50	20160920	2017/4/8

制单要求：

（1）请以深圳现代物流中心仓管员李辉的身份制作出库单号为 CKD20170507 的出库单。

（2）请以仓管员李辉的身份进行出库单反馈。

（3）请以林云作为收货人在出库单上填写实际收货数量，并签字确认。

2. 制单说明

出库单

<table>
<tr><td colspan="6"></td><td>出库单号</td><td>（1）</td></tr>
<tr><td>货主名称</td><td colspan="5">（2）</td><td>发货通知单号</td><td>（3）</td></tr>
<tr><td>收货客户</td><td colspan="5">（4）</td><td>发货日期</td><td>（5）</td></tr>
<tr><td>收货地址</td><td colspan="3">（6）</td><td>收货人</td><td>（6）</td><td>收货人电话</td><td>（6）</td></tr>
<tr><td>货品编号</td><td>货品名称</td><td>规格</td><td>单位</td><td>计划数量</td><td>实际数量</td><td>收货人签收数量</td><td>备注</td></tr>
<tr><td>（7）</td><td>（7）</td><td>（7）</td><td>（7）</td><td>（7）</td><td>（8）</td><td>（9）</td><td>（10）</td></tr>
<tr><td></td><td></td><td></td><td></td><td></td><td></td><td></td><td></td></tr>
<tr><td></td><td></td><td></td><td></td><td></td><td></td><td></td><td></td></tr>
<tr><td></td><td></td><td></td><td></td><td></td><td></td><td></td><td></td></tr>
<tr><td></td><td></td><td></td><td></td><td></td><td></td><td></td><td></td></tr>
<tr><td>仓管员(签字)</td><td colspan="2">（11）</td><td>制单人</td><td colspan="2">（12）</td><td>收货人(签字)</td><td>（11）</td></tr>
</table>

（1）出库单号：出库单上的编号为出库单号，此项按照实际单号填写即可。

（2）货主名称：需要出库的该批货物的所有人，填写实际的货主名称。

（3）发货通知单号：发货通知单由货主发给物流公司，单上有相对应的编号。

（4）收货客户：填写实际收取该批货物的公司。

（5）发货日期：填写实际发货时间。

（6）收货地址、收货人、收货人电话：填写实际收货地址、收货人姓名、收货人电话。

（7）货品编号、货品名称、规格、单位、计划数量：按照发货通知单上的实际情况填写。

（8）实际数量：此处由仓管员根据实际情况进行填写。

（9）收货人签收数量：由收货人按实际情况填写。

（10）备注：如无特殊说明，则不需填写。

（11）仓管员（签字）、收货人（签字）：凡有“（签字）”字样的，表示需要该人手写签名。

（12）制单人：填写实际制单人姓名。

3. 单证填制

（1）以深圳现代物流中心仓管员李辉的身份制作编号 CKD20170507 的出库单，完成后的出库单如下所示：

出库单

<table>
<tr><td colspan="5"></td><td colspan="2">出库单号</td><td>CKD20170507</td></tr>
<tr><td>货主名称</td><td colspan="4">广州腾琪有限公司</td><td colspan="2">发货通知单号</td><td>ASN201705061123</td></tr>
<tr><td>收货客户</td><td colspan="4">北海银湾有限公司</td><td colspan="2">发货日期</td><td>2017 年 5 月 7 日</td></tr>
<tr><td>收货地址</td><td colspan="3">广西壮族自治区北海市海城区
1 号物流园</td><td>收货人</td><td>胡亚</td><td>收货人电话</td><td>0779 - 3210 ××××</td></tr>
<tr><td>货品编号</td><td>货品名称</td><td>规格</td><td>单位</td><td>计划数量</td><td>实际数量</td><td>收货人签收数量</td><td>备注</td></tr>
<tr><td>A1726</td><td>芭蕉晴雨伞</td><td>24 把/箱</td><td>箱</td><td>25</td><td></td><td></td><td></td></tr>
<tr><td>3311E</td><td>天堂晴雨伞</td><td>24 把/箱</td><td>箱</td><td>20</td><td></td><td></td><td></td></tr>
<tr><td>JD9907</td><td>红叶晴雨伞</td><td>24 把/箱</td><td>箱</td><td>25</td><td></td><td></td><td></td></tr>
<tr><td>仓管员(签字)</td><td colspan="2"></td><td>制单人</td><td colspan="2">李辉</td><td>收货人(签字)</td><td></td></tr>
</table>

（2）以仓管员李辉的身份进行出库单反馈，反馈后的出库单如下所示：

出库单

<table>
<tr><td colspan="5"></td><td colspan="2">出库单号</td><td>CKD20170507</td></tr>
<tr><td>货主名称</td><td colspan="4">广州腾琪有限公司</td><td colspan="2">发货通知单号</td><td>ASN201705061123</td></tr>
<tr><td>收货客户</td><td colspan="4">北海银湾有限公司</td><td colspan="2">发货日期</td><td>2017 年 5 月 7 日</td></tr>
<tr><td>收货地址</td><td colspan="3">广西壮族自治区北海市
海城区 1 号物流园</td><td>收货人</td><td>胡亚</td><td>收货人电话</td><td>0779-3210 ××××</td></tr>
<tr><td>货品编号</td><td>货品名称</td><td>规格</td><td>单位</td><td>计划
数量</td><td>实际
数量</td><td>收货人
签收数量</td><td>备注</td></tr>
<tr><td>A1726</td><td>芭蕉晴雨伞</td><td>24 把/箱</td><td>箱</td><td>25</td><td>25</td><td></td><td></td></tr>
<tr><td>3311E</td><td>天堂晴雨伞</td><td>24 把/箱</td><td>箱</td><td>20</td><td>20</td><td></td><td></td></tr>
<tr><td>JD9907</td><td>红叶晴雨伞</td><td>24 把/箱</td><td>箱</td><td>25</td><td>25</td><td></td><td></td></tr>
<tr><td>仓管员(签字)</td><td colspan="2">李辉</td><td>制单人</td><td colspan="2">李辉</td><td>收货人(签字)</td><td></td></tr>
</table>

（3）以林云作为收货人在出库单上填写实际收货数量，并签字确认，完成后的出库单如下所示：

出库单

<table>
<tr><td colspan="5"></td><td colspan="2">出库单号</td><td>CKD20170507</td></tr>
<tr><td>货主名称</td><td colspan="4">广州腾琪有限公司</td><td colspan="2">发货通知单号</td><td>ASN201705061123</td></tr>
<tr><td>收货客户</td><td colspan="4">北海银湾有限公司</td><td colspan="2">发货日期</td><td>2017 年 5 月 7 日</td></tr>
<tr><td>收货地址</td><td colspan="3">广西壮族自治区北海市
海城区 1 号物流园</td><td>收货人</td><td>胡亚</td><td>收货人电话</td><td>0779-3210 ××××</td></tr>
<tr><td>货品编号</td><td>货品名称</td><td>规格</td><td>单位</td><td>计划
数量</td><td>实际
数量</td><td>收货人
签收数量</td><td>备注</td></tr>
<tr><td>A1726</td><td>芭蕉晴雨伞</td><td>24 把/箱</td><td>箱</td><td>25</td><td>25</td><td>25</td><td></td></tr>
<tr><td>3311E</td><td>天堂晴雨伞</td><td>24 把/箱</td><td>箱</td><td>20</td><td>20</td><td>20</td><td></td></tr>
<tr><td>JD9907</td><td>红叶晴雨伞</td><td>24 把/箱</td><td>箱</td><td>25</td><td>25</td><td>25</td><td></td></tr>
<tr><td>仓管员(签字)</td><td colspan="2">李辉</td><td>制单人</td><td colspan="2">李辉</td><td>收货人(签字)</td><td>林云</td></tr>
</table>

三、巩固与提高

2017 年 4 月 19 日，德邦物流中心客户经理张军根据送货通知将发货通知交接给仓储部专门负责北京东方库存货品的仓管员陈晓，准备这批货物的出库操作。发货通知详细内容如下：

<table>
<tr><th colspan="6">发货通知单</th></tr>
<tr><td>发货通知单号</td><td colspan="5">ASN201706130001</td></tr>
<tr><td>收货客户</td><td colspan="3">北京德邦物流公司货运站A（天津）</td><td>收货地址</td><td>天津新港货运码头</td></tr>
<tr><td>收货人</td><td colspan="3">钱春</td><td>收货人电话</td><td>022-2682××××</td></tr>
<tr><td>发货仓库</td><td colspan="3">北京德邦物流公司</td><td>发货地址</td><td>北京市海淀区石井镇8号</td></tr>
<tr><td>货物名称</td><td colspan="3">男式羽绒服</td><td>货物编号</td><td>JHK-001 J7612NY</td></tr>
<tr><td>货物规格</td><td>20件/箱</td><td>发货数量</td><td>90</td><td>包装单位</td><td>箱</td></tr>
</table>

陈晓首先根据发货通知查询库存情况，北京东方所有货品都存放在仓库编号为KF007的东区7号库，该货主所有货品的库存情况如下：

库区	储位	货品编号	货品名称	规格	单位	库存数量	批次	入库日期
服装1区	A11005	JHK-003 J7514NY	男式羽绒服	20件/箱	箱	45	201702	2017/2/1
服装1区	A11006	JHK-003 J7514NY	男式羽绒服	20件/箱	箱	45	201702	2017/3/11
服装1区	A11007	JHK-003 J7514NY	男式羽绒服	20件/箱	箱	40	201701	2017/4/1
服装1区	A11008	JHK-001 J7612NY	男式羽绒服	20件/箱	箱	40	201703	2017/1/1
服装2区	A01001	JHK-001 J7612NY	男式羽绒服	20件/箱	箱	20	201701	2017/1/11
服装2区	A01002	JHK-001 J7612NY	男式羽绒服	20件/箱	箱	50	201702	2017/2/11
服装2区	A02001	JHK-004 J7612NY	男式羽绒服	20件/箱	箱	50	201701	2017/4/1
服装2区	A02011	JHK-004 J7612NY	男式羽绒服	20件/箱	箱	50	201702	2017/2/27
服装3区	A03005	JHK-004 J7612NY	男式羽绒服	20件/箱	箱	50	201702	2017/2/1
服装3区	A02002	JHK-005 J7616NY	男式羽绒服马甲	20件/箱	箱	50	201702	2017/3/11
服装3区	A08003	JHK-005 J7616NY	男式羽绒服马甲	15个/箱	箱	45	201701	2017/4/1
服装3区	A09001	JHK-005 J7616NY	男式羽绒服马甲	15个/箱	箱	45	201703	2017/1/1

仓管员陈晓根据以上库存信息和按日期先入先出的出库规则，于2017年4月19日编制了出库单号为OB2017030214的出库单和作业单号为PK2017060023的拣货单，其中拣货单交给拣货组拣货员王刚进行拣货作业。当天下午，拣货员王刚按拣货单完成所有拣货作业并根据拣货情况对拣货单进行反馈，所需货品没有出现库存不足等异常的情况。

仓管员陈晓根据发货通知信息和实际的拣货情况对出库单进行完成作业后的反馈。于当天下午把出库单和出库的货品一起交给配送部准备出货。

制单要求：

请以德邦物流中心仓管员陈晓的身份填制出库单。

四、自我评价

评价内容	自我评价		
	掌握	理解	模糊
出库单的作用			
出库单的流转程序			
根据案例正确填制出库单			

第五节　拣货单

一、拣货作业和拣货单的认识

拣货作业是依据顾客的订货要求或配送中心的送货计划，尽可能迅速、准确地将商品从其储位或其他区域拣取出来，并按一定的方式进行分类、集中、等待配装送货的作业流程。

拣货员获得拣货信息后，按照要求拣取相应的货品，并将货品进行集中。拣选作业主要流程是：生成拣货信息→查找→行走→提取→分类与集中→文件处理。拣货作业可分为人工拣选、机械拣选和自动拣选三大类。

拣货单是指把原始的用户订单输入计算机进行拣货信息处理后，打印出来的方式。这种方式的优点是避免传票在拣货过程中受污损，并能把产品储位编号显示在拣货单上。

二、拣货单的填制

1. 案例背景

2017 年 5 月 6 日，深圳现代物流中心仓管员李辉根据货主广州腾琪有限公司的发货通知单，制作了出库单号为 CKD20170507 的出库单，如下所示：

出库单

<table>
<tr><td colspan="5"></td><td colspan="2">出库单号</td><td>CKD20170507</td></tr>
<tr><td>货主名称</td><td colspan="4">广州腾琪有限公司</td><td colspan="2">发货通知单号</td><td>ASN201705061123</td></tr>
<tr><td>收货客户</td><td colspan="4">北海银湾有限公司</td><td colspan="2">发货日期</td><td>2017 年 5 月 7 日</td></tr>
<tr><td>收货地址</td><td colspan="3">广西壮族自治区北海市
海城区 1 号物流园</td><td>收货人</td><td>胡亚</td><td>收货人电话</td><td>0779-3210 ××××</td></tr>
<tr><td>货品编号</td><td>货品名称</td><td>规格</td><td>单位</td><td>计划数量</td><td>实际数量</td><td>收货人签收数量</td><td>备注</td></tr>
<tr><td>A1726</td><td>芭蕉晴雨伞</td><td>24 把/箱</td><td>箱</td><td>25</td><td></td><td></td><td></td></tr>
<tr><td>3311E</td><td>天堂晴雨伞</td><td>24 把/箱</td><td>箱</td><td>20</td><td></td><td></td><td></td></tr>
<tr><td>JD9907</td><td>红叶晴雨伞</td><td>24 把/箱</td><td>箱</td><td>25</td><td></td><td></td><td></td></tr>
<tr><td>仓管员（签字）</td><td colspan="2"></td><td>制单人</td><td colspan="2">李辉</td><td>收货人（签字）</td><td></td></tr>
</table>

广州腾琪有限公司所有货品都存放在仓库编号为 KF011 的仓库，该货主的所有货品的库存情况如下：

库区	储位	货品编号	货品名称	规格	单位	质量状态	库存数量	批次	入库日期
日用品 1 区	R10001	A1726	芭蕉晴雨伞	24 把/箱	箱	正常	50	20161001	2017/4/8
日用品 1 区	R10002	M5003	美度晴雨伞	24 把/箱	箱	正常	45	20160920	2017/3/29
日用品 1 区	R10003	3311E	天堂晴雨伞	24 把/箱	箱	正常	20	20161118	2017/3/29
日用品 1 区	R10004	3311E	天堂晴雨伞	24 把/箱	箱	正常	15	20160805	2017/1/19
日用品 2 区	R20005	KB5856-001	酷波德晴雨伞	24 把/箱	箱	正常	50	20160805	2017/1/19
日用品 2 区	R20006	JD9907	红叶晴雨伞	24 把/箱	箱	正常	50	20160920	2017/4/8

制单要求：

（1）根据库存管理按入库日期先进先出的原则，请以深圳现代物流中心仓管员李辉的身份制作拣货单号为 JHD2017050701 的拣货单。

（2）请以拣货员蒋玉的身份进行货物的拣选工作并进行反馈。

2. 制单说明

拣货单

<table>
<tr><td colspan="7"></td><td colspan="1">作业单号</td><td colspan="2">(1)</td></tr>
<tr><td colspan="2">货主名称</td><td colspan="5">(2)</td><td>出库单号</td><td colspan="2">(3)</td></tr>
<tr><td colspan="2">仓库编号</td><td colspan="5">(4)</td><td>制单日期</td><td colspan="2">(5)</td></tr>
<tr><td colspan="10">作业明细</td></tr>
<tr><td>序号</td><td>库区</td><td>储位</td><td>货品编号</td><td>货品名称</td><td>规格</td><td>单位</td><td>应拣数量</td><td>实拣数量</td><td>备注</td></tr>
<tr><td>(6)</td><td>(7)</td><td>(7)</td><td>(8)</td><td>(8)</td><td>(8)</td><td>(8)</td><td>(8)</td><td>(9)</td><td>(10)</td></tr>
<tr><td></td><td></td><td></td><td></td><td></td><td></td><td></td><td></td><td></td><td></td></tr>
<tr><td></td><td></td><td></td><td></td><td></td><td></td><td></td><td></td><td></td><td></td></tr>
<tr><td></td><td></td><td></td><td></td><td></td><td></td><td></td><td></td><td></td><td></td></tr>
<tr><td></td><td></td><td></td><td></td><td></td><td></td><td></td><td></td><td></td><td></td></tr>
<tr><td colspan="2">制单人</td><td colspan="5">(11)</td><td colspan="1">拣货人（签字）</td><td colspan="2">(12)</td></tr>
</table>

（1）作业单号：该单号为编写“拣货单”的编号。

（2）货主名称：需要出库的该批货物的所有人，填写实际的货主名称。

（3）出库单号：填写该批货物出库单上的编号。

（4）仓库编号：填写实施拣货的仓库的编号。

（5）制单日期：填写制单当天的日期。

（6）序号：从数字“1”开始按顺序填写。

（7）库区、储位：商品一般都会根据需要摆放在不同的库区和储位；此处按照实际存放情况填写。

（8）货品编号、货品名称、规格、单位、应拣数量：按照所拣货物的实际情况填写即可。

（9）实拣数量：由拣货人按照实际情况填写。

（10）备注：如无特殊说明，则此处不需填写。

（11）制单人：填写实际制单人的姓名。

（12）拣货人（签字）：凡有“（签字）”字样的，表示需要该人手写签名。

3. 单证填制

（1）根据库存管理按入库日期先进先出的原则，以仓管员李辉的身份制作编号为JHD2017050701的拣货单，完成后的拣货单如下所示：

拣货单

						作业单号	JHD2017050701		
货主名称		广州腾琪有限公司				出库单号	CKD20170507		
仓库编号		KF011				制单日期	2017年5月7日		
作业明细									
序号	库区	储位	货品编号	货品名称	规格	单位	应拣数量	实拣数量	备注
1	日用品1区	R10001	A1726	芭蕉晴雨伞	24把/箱	箱	25		
2	日用品1区	R10003	3311E	天堂晴雨伞	24把/箱	箱	5		
3	日用品1区	R10004	3311E	天堂晴雨伞	24把/箱	箱	15		
4	日用品2区	R20006	JD9907	红叶晴雨伞	24把/箱	箱	25		
制单人		李辉			拣货人（签字）				

（2）以拣货员蒋玉的身份进行货物的拣选工作，并在拣货单上进行反馈，完成后的拣货单如下所示：

拣货单

						作业单号	JHD2017050701		
货主名称		广州腾琪有限公司				出库单号	CKD20170507		
仓库编号		KF011				制单日期	2017 年 5 月 7 日		
作业明细									
序号	库区	储位	货品编号	货品名称	规格	单位	应拣数量	实拣数量	备注
1	日用品 1 区	R10001	A1726	芭蕉晴雨伞	24 把/箱	箱	25	25	
2	日用品 1 区	R10003	3311E	天堂晴雨伞	24 把/箱	箱	5	5	
3	日用品 1 区	R10004	3311E	天堂晴雨伞	24 把/箱	箱	15	15	
4	日用品 2 区	R20006	JD9907	红叶晴雨伞	24 把/箱	箱	25	25	
制单人		李辉			拣货人（签字）		蒋玉		

三、巩固与提高

2017 年 12 月 18 日，通达物流运输部接到杭州米瑞格贸易公司的运输通知，要将出口货物于 12 月 19 日发货由南昌运至上海。运输部计划员于科及时核对客户的运输订单，并将托运订单提交给车队调度张岚。托运订单相关信息如下：

运单号	4710000000010
托运人	杭州米瑞格贸易公司 联系人：武艺 电话：1341212×××× 地址：杭州市萧山区东方路 15 号 邮编：311200
托运货物	860 箱童鞋，货物明细： （1）货物名称：B06M19 儿童运动鞋　数量：200 箱　总体积：15.456m^3 总重量：4800kg （2）货物名称：B06M18 儿童凉鞋　数量：300 箱　总体积：23.184m^3 总重量：7200kg （3）货物名称：E06F14 儿童皮鞋　数量：360 箱　总体积：24.883m^3 总重量：8640kg

续 表

收货人	通达物流公司上海洋山货运站 联系人：钱春 电话：021－2682×××× 地址：上海市洋山保税港区118号 邮编：200066
托运要求	（1）要求取货送货 取货地址：南昌冠生园制鞋厂（南昌市西湖区人民路1111号，联系人：袁绍，电话：1358598××××，邮编：330009）；送货地址同收货人地址 （2）12月19日22：00前到取货地取货，12月21日10：00前运到收货地址
结算	（1）结算方式：月结，取货与送货费用各为200元 （2）托运人付费账号：62220000111××××
投保	不投保

南昌冠生园制鞋厂的仓库经理司马懿于当日也收到了发货通知单，单号为FHTZ000001，内容同托运单。司马懿登录WMS（仓储管理系统），查询了上述货品的库存情况。

南昌冠生园制鞋厂的CK01仓库，有A区、B区、C区，分别代表整箱货架区、拆零拣货区和返品处理区，童鞋的库存情况如下：

库区	储位	货品名称	产品编号	规格/型号	库存数量	单位	入库日期	备注
A区	1－1－1－1	儿童运动鞋	B06M19	12双/箱	120	箱	2018/11/1	
A区	1－1－2－1	儿童运动鞋	B06M19	12双/箱	100	箱	2018/11/11	
A区	1－1－3－1	儿童运动鞋	B06M19	12双/箱	100	箱	2018/10/15	
A区	1－1－1－2	儿童凉鞋	B06M18	12双/箱	240	箱	2018/10/26	
A区	1－1－2－2	儿童皮鞋	E06F14	18双/箱	340	箱	2018/11/1	
B区	1－1－3－2	儿童运动鞋	B06M19	1双/袋	800	袋	2018/11/1	
B区	1－1－1－3	儿童凉鞋	B06M18	1双/袋	500	袋	2018/11/1	
B区	1－1－2－3	儿童凉鞋	B06M18	1双/袋	500	袋	2018/10/1	
B区	1－1－2－4	儿童皮鞋	E06F14	1双/袋	340	袋	2018/12/1	
C区	1－1－1－1	儿童皮鞋	E06F14	1双/袋	20	袋	2018/12/1	良品
C区	1－1－2－1	儿童皮鞋	E06F14	12双/箱	10	箱	2018/12/1	次品
C区	1－1－3－1	儿童凉鞋	B06M18	12双/箱	5	箱	2018/12/1	次品
C区	1－1－1－2	儿童运动鞋	B06M19	1双/袋	30	袋	2018/12/1	良品

2018年12月18日，仓管员邓华德根据库存情况及发货通知单，编制了作业单号

为 PK2017040016 的拣货单并制作了出库单 CKDHY20170217001。同时，将其中拣货单交给拣货组拣货员李宏进行拣货作业。拣货原则是在 FIFO（先进先出）的原则下，整箱货先出，不足部分从拆零拣货区中拣货装箱，当拆零拣货区不足时，才可选择返品处理区中的良品进行出库。

李宏按照拣货单的要求拣出所需要的货物，并安排临时工进行包装，将发货通知单所需要的货品交给仓管员邓华德，邓华德审核完毕后，在出库单上签字。

制单要求：

请以南昌冠生园制鞋厂仓管员邓华德的身份编制拣货单。

四、自我评价

评价内容	自我评价		
	掌握	理解	模糊
拣货单的作用			
拣货单的流转程序			
根据案例正确填制拣货单			

第六节　移库单

一、移库作业与移库单的认识

货品移库是库内作业的一种，是根据仓库内货物质量变化、库存因素、货物放置错误、储位变更等因素进行调整库存储位的一种手段。

货品移库的主要目的是为了优化储位和提高仓储效率。优化储位是指根据货品的周转率，进行ABC分析，对货品进行储位的移动，以优化库存结构；提高仓储效率是指对不满一个托盘的货品进行拼盘作业，以提高储位的仓储效率。

货品移库主要有同一仓库内移库和不同仓库间移库两种类型。同一仓库内移库适用于移库作业人员在同一实物仓库内进行货物储位、库存形态间移动的处理过程。不同仓库间移库是指隶属于同一公司的不同仓库间的移库操作，主要分为两个步骤，即移出库和移入库。

移库作业的主要流程是：

（1）打印移库单：信息系统对库内数据进行分析后，打印出移库单，交给移库作业人员。

（2）移库作业：移库作业人员凭移库单进行移库作业，并对完成的移库作业进行确认。

（3）调整储位：信息系统对确认过的移库作业进行储位信息的更新，完成移库作业。

移库单就是对货品进行移库的指令，也是仓库间进行货品转移的凭据。

二、移库单的填制

1. 案例背景

2017年9月21日，深圳现代物流中心接到东莞现代物流中心的移库请求单，移库请求单信息如下所示。

东莞现代物流中心的移库请求单

货物编号	货物名称	单位	请求数量
SX0012	奥速摄像头	箱	10
SX0013	罗技摄像头	箱	15
SX0014	云石摄像头	箱	5
SX0015	小蚁摄像头	箱	5

深圳现代物流中心决定将上述货品从深圳仓库移库到东莞仓库，并安排操作员郑同进行移库出库作业，仓管员李辉制作移库单号为 YKD2017092101 的移库单。

当天上午 9：00，仓储部经理周航为了提高仓储效率要求将数码区 A00005 上的 5 箱编号为 SX0013 罗技摄像头移至该区 A00101 储位。仓管员李辉安排操作员郑同负责移库作业且编制移库单号为 YKD2017092102 的移库单。上午 11：30，郑同使用一辆电动叉车完成了移库作业，货物数量与质量都正常。

制单要求：

（1）请以深圳现代物流中心仓管员李辉的身份编制移库单号为 YKD2017092101 的移库单。

（2）请以操作员郑同的身份填制移库单号为 YKD2017092102 的移库单。

2. 制单说明

1）不同仓库间移库单填制。

移库单

				编号	（1）
发货仓库	（2）	收货仓库	（3）	制单日期	（4）
货物编号	货物名称	单位	请发数量	实发数量	实收数量
（5）	（5）	（5）	（5）	（6）	（7）
发货仓库填写			收货仓库填写		
制单人	（8）		收货人	（11）	
出库人	（9）				
发货日期	（10）		收货日期	（12）	

（1）编号：该处为编写移库单的编号。

（2）发货仓库：填写实际发货仓库。

（3）收货仓库：填写实际收货仓库。

（4）制单日期：填写制单当天的日期。

（5）货物编号、货物名称、单位、请发数量：按照移库请求单上的实际情况填写即可。

（6）实发数量：操作员按照实际发货数量填写。

（7）实收数量：收货仓仓管员按照实际收货数量填写。

（8）制单人：填写实际制单人的姓名。

（9）出库人：填写实际出库人的姓名。

（10）发货日期：填写实际发货日期。

（11）收货人：填写实际收货人的姓名。

（12）收货日期：填写收货当天的日期。

2）同一仓库内移库单填制。

移库单

<table>
<tr><td colspan="6"></td><td>编号</td><td>（1）</td></tr>
<tr><td colspan="2">下达日期</td><td colspan="2">（2）</td><td>执行日期</td><td colspan="3">（3）</td></tr>
<tr><td colspan="8">调用资源</td></tr>
<tr><td colspan="2">资源名称</td><td colspan="2">负责人</td><td colspan="4">数量</td></tr>
<tr><td colspan="2">（4）</td><td colspan="2">（5）</td><td colspan="4">（6）</td></tr>
<tr><td colspan="8">货品信息</td></tr>
<tr><td>品名</td><td>单位</td><td>源位置</td><td>目标位置</td><td>应拣数量</td><td>实拣数量</td><td>实存数量</td><td>备注</td></tr>
<tr><td>（7）</td><td>（7）</td><td>（7）</td><td>（7）</td><td>（7）</td><td>（8）</td><td>（8）</td><td>（9）</td></tr>
<tr><td></td><td></td><td></td><td></td><td></td><td></td><td></td><td></td></tr>
<tr><td></td><td></td><td></td><td></td><td></td><td></td><td></td><td></td></tr>
<tr><td>制单人</td><td colspan="3">（10）</td><td>移库作业人</td><td colspan="3">（11）</td></tr>
</table>

（1）编号：该处为编写移库单的编号。

（2）下达日期：填写收到移库指令的日期。

（3）执行日期：填写移库当天日期。

（4）资源名称：填写移库作业中需用的设备和人力。

（5）负责人：填写移库作业负责人的姓名。

（6）数量：填写移库作业中需用的设备和人力的数量。

（7）品名、单位、源位置、目标位置、应拣数量：按照实际情况填写即可。

（8）实拣数量、实存数量：填写实际操作数量。

（9）备注：如果没有特殊说明，则不需要填写。

（10）制单人：填写实际制单人的姓名。

（11）移库作业人：填写实际移库作业人的姓名。

3. 单证填制

（1）不同仓库间移库单填制。

以深圳现代物流中心仓管员李辉的身份制作编号 YKD2017092101 的移库单，完成后的移库单如下所示：

移库单

				编号	YKD2017092101
发货仓库	深圳仓库	收货仓库	东莞仓库	制单日期	2017 年 9 月 21 日
货物编号	货物名称	单位	请发数量	实发数量	实收数量
SX0012	奥速摄像头	箱	10		
SX0013	罗技摄像头	箱	15		
SX0014	云石摄像头	箱	5		
SX0015	小蚁摄像头	箱	5		
发货仓库填写			收货仓库填写		
制单人	李辉		收货人		
出库人					
发货日期			收货日期		

（2）同一仓库内移库单填制。

以操作员郑同的身份填制移库单号 YKD2017092102 的移库单，完成后的移库单如下所示。

移库单

						编号	YKD2017092102
下达日期	2017年9月21日		执行日期		2017年9月21日		
调用资源							
资源名称	负责人		数量				
操作员	李辉		1个				
电动叉车	李辉		1辆				
货品信息							
品名	单位	源位置	目标位置	应拣数量	实拣数量	实存数量	备注
罗技摄像头	箱	A00005	A00101	5	5	5	
制单人	李辉			移库作业人	郑同		

三、巩固与提高

2017年10月14日，深圳伟豪物流有限公司物流中心接到河源市物流中心的移库请求单，移库请求信息如下所示：

河源市物流中心的移库请求单

货物编号	货物名称	单位	请求数量
LJ002301	净白洗衣液	箱	15
LJ002302	金纺衣物护理剂	箱	15
LJ002303	奥妙洗衣粉	箱	15

深圳伟豪物流有限公司决定将上述货品从深圳仓库移库到河源仓库，仓管员何宁编制移库单号为YKD2017101401的移库单并安排操作员陆伟进行移库出库作业。

由于金纺衣物护理剂最近销售状况良好、出库频率较高，仓储部经理杨威于10月14日上午9：30，安排仓管员何宁将日用品区R00005上的20箱编号为LJ002302的金纺衣物护理剂移至该区R00001储位。仓管员何宁安排操作员陆伟负责移库作业且制作移库单号为YKD2017101402的移库单。上午12：00，陆伟使用一辆电动叉车完成了移库作业，货物数量与质量都正常。

制单要求：

（1）请以深圳伟豪物流有限公司仓管员何宁的身份编制移库单号为YKD2017101401的移库单。

（2）请以操作员陆伟的身份填制移库单号为YKD2017101402的移库单。

四、自我评价

评价内容	自我评价		
	掌握	理解	模糊
移库单的作用			
移库单的流转程序			
根据案例正确填制移库单			

第七节　盘点单

一、盘点作业与盘点单的认识

盘点，是指定期或临时对库存商品的实际数量进行清查、清点的作业，即为了掌握货物的流动情况（入库、在库、出库的流动状况），对仓库现有物品的实际数量与保管账上记录的数量相核对，以便准确地掌握库存数量。

盘点是仓储作业中的一个重要工作。通过盘点核对系统库存数量与实物数量是否一致，检查货物状态是否正常，保证库存货品质量良好、数量正确，为库存分配、补货、发货等作业提供了良好的作业基础。盘点的主要内容有：检查数量、检查质量、检查保管条件和检查安全。

盘点作业的方式主要有两种：表单盘点和RF（射频）盘点。表单盘点比较传统，它的盘点依据是盘点单；RF盘点相对先进，它的盘点依据是RF终端设备显示的货品信息。

盘点的方法通常有两种：明盘法和盲盘法。明盘法是指盘点人员拿着库存报表进行实物清点；盲盘法是指盘点人员不看库存报表直接进行实物清点，然后再与库存报表对比。

盘点单也称盘点卡，是定期或不定期地对仓库各个库位进行清点，并记录账面数量与实际清点数量差异的单据。

二、盘点单的填制

1. 案例背景

根据深圳现代物流中心日清日结的规定，2017年9月21日下班前，仓管员李辉根据库存对广州速腾科技有限公司存在KF001号仓库的数码1区的货品进行盘点作业，盘点采用明盘法。其中数码1区的库存情况如下：

库区	储位	货品编号	货品名称	规格	单位	质量状态	库存数量	批次	入库日期
数码 1 区	C00001	SX0012	奥速摄像头	12 台/箱	箱	正常	50	20170101	2017/6/3
数码 1 区	C00002	SX0013	罗技摄像头	12 台/箱	箱	正常	60	20170415	2017/4/26
数码 1 区	C00003	SX0014	云石摄像头	12 台/箱	箱	正常	45	20170326	2017/4/26
数码 1 区	C00004	SX0015	小蚁摄像头	12 台/箱	箱	正常	50	20170220	2017/8/10

仓管员李辉安排盘点员王娜进行盘点，王娜根据库存信息，经过盘点发现编号为 SX0012 的奥速摄像头外包装破损 1 箱，其余货品无异常。

制单要求：

（1）请以深圳现代物流中心仓管员李辉的身份编制盘点单号为 PDD2017092101 的盘点单。

（2）请以盘点员王娜的身份填制盘点单。

2. 制单说明

盘点单

						盘点单号	(1)			
仓库编号	(2)					制单日期	(3)			
货品信息										
序号	储位	货物编号	货物名称	规格	单位	库存数量	实际数量	盈亏数量	损坏数量	备注
(4)	(5)	(6)	(6)	(6)	(6)	(6)	(7)	(7)	(7)	(8)
制单人		(9)				盘点人		(10)		

（1）盘点单号：该单号为编写盘点单的编号。

（2）仓库编号：填写实施盘点的仓库的编号。

（3）制单日期：填写制单当天的日期。

（4）序号：从数字“1”开始按顺序填写。

（5）储位：填写实施盘点的实际储位即可。

（6）货物编号、货物名称、规格、单位、库存数量：按照盘点的实际情况填写即可。

（7）实际数量、盈亏数量、损坏数量：按照盘点实际情况进行填写。

（8）备注：如无特殊说明，则此处不需要填写。

（9）制单人：填写实际制单人的姓名。

（10）盘点人：填写实际盘点人的姓名。

3. 单证填制

（1）以深圳现代物流中心仓管员李辉的身份制作编号 PDD2017092101 的盘点单，完成后的盘点单如下所示：

盘点单

<table>
<tr><td colspan="7"></td><td>盘点单号</td><td colspan="3">PDD2017092101</td></tr>
<tr><td colspan="2">仓库编号</td><td colspan="5">KF001</td><td>制单日期</td><td colspan="3">2017 年 9 月 21 日</td></tr>
<tr><td colspan="11">货品信息</td></tr>
<tr><td>序号</td><td>储位</td><td>货物编号</td><td>货物名称</td><td>规格</td><td>单位</td><td>库存数量</td><td>实际数量</td><td>盈亏数量</td><td>损坏数量</td><td>备注</td></tr>
<tr><td>1</td><td>C00001</td><td>SX0012</td><td>奥速摄像头</td><td>12 台/箱</td><td>箱</td><td>50</td><td></td><td></td><td></td><td></td></tr>
<tr><td>2</td><td>C00002</td><td>SX0013</td><td>罗技摄像头</td><td>12 台/箱</td><td>箱</td><td>60</td><td></td><td></td><td></td><td></td></tr>
<tr><td>3</td><td>C00003</td><td>SX0014</td><td>云石摄像头</td><td>12 台/箱</td><td>箱</td><td>45</td><td></td><td></td><td></td><td></td></tr>
<tr><td>4</td><td>C00004</td><td>SX0015</td><td>小蚁摄像头</td><td>12 台/箱</td><td>箱</td><td>50</td><td></td><td></td><td></td><td></td></tr>
<tr><td colspan="3">制单人</td><td colspan="2">李辉</td><td colspan="2">盘点人</td><td colspan="4"></td></tr>
</table>

（2）以盘点员王娜的身份进行盘点，填写后的盘点单如下所示：

盘点单

<table>
<tr><td colspan="7"></td><td>盘点单号</td><td colspan="3">PDD2017092101</td></tr>
<tr><td colspan="2">仓库编号</td><td colspan="5">KF001</td><td>制单日期</td><td colspan="3">2017 年 9 月 21 日</td></tr>
<tr><td colspan="11">货品信息</td></tr>
<tr><td>序号</td><td>储位</td><td>货物编号</td><td>货物名称</td><td>规格</td><td>单位</td><td>库存数量</td><td>实际数量</td><td>盈亏数量</td><td>损坏数量</td><td>备注</td></tr>
<tr><td>1</td><td>C00001</td><td>SX0012</td><td>奥速摄像头</td><td>12 台/箱</td><td>箱</td><td>50</td><td>50</td><td>0</td><td>1</td><td></td></tr>
<tr><td>2</td><td>C00002</td><td>SX0013</td><td>罗技摄像头</td><td>12 台/箱</td><td>箱</td><td>60</td><td>60</td><td>0</td><td>0</td><td></td></tr>
<tr><td>3</td><td>C00003</td><td>SX0014</td><td>云石摄像头</td><td>12 台/箱</td><td>箱</td><td>45</td><td>45</td><td>0</td><td>0</td><td></td></tr>
<tr><td>4</td><td>C00004</td><td>SX0015</td><td>小蚁摄像头</td><td>12 台/箱</td><td>箱</td><td>50</td><td>50</td><td>0</td><td>0</td><td></td></tr>
<tr><td colspan="3">制单人</td><td colspan="2">李辉</td><td colspan="2">盘点人</td><td colspan="4">王娜</td></tr>
</table>

三、巩固与提高

2017 年 2 月 16 日，天津胜达物流中心的订单中心的计划员王笑笑收到货主天津市荣登服装有限公司的发货通知单，发货通知单信息如下：

天津市荣登服装有限公司
发货通知单

发货通知单号：ASN201702160017
收货客户：天津新世界百货有限公司　收货地址：天津市滨海区梅华路 300 号
收货人：魏涛　收货人电话：022－8989××××　发货日期：2017 年 2 月 17 日
发货仓库：天津胜达物流中心　仓库地址：天津市滨海区物流园 299 号
仓库类别：第三方物流仓库
仓库联系人：王笑笑　仓库电话：022－8943××××

序号	货品编号	货品名称	规格	单位	计划数量	实际数量	备注
1	CMS15－105P	荣登男士格子短袖衬衣	10 件/箱	箱	30		
2	NWP49－276T	荣登女士雪纺衬衫	8 件/箱	箱	20		
3	CMS19－429X	荣登男士简约休闲西装	5 套/箱	箱	10		
合计					60		
制单人：严明		审核人：徐静		第 1 页 共 1 页			

计划员王笑笑将发货通知单交接给仓储部专门负责天津市荣登服装有限公司货品的仓管员吕国庆，吕国庆首先根据发货通知单查询库存情况，天津市荣登服装有限公司所有货品都存放在仓库编号为 KF003 的仓库，该货主的所有货品的库存情况如下：

库区	储位	货品编号	货品名称	规格	单位	质量状态	库存数量	批次	入库日期
服装 1 区	C01021	CMS26－991T	荣登男士休闲 T 恤	10 件/箱	箱	正常	45	201702	2017/2/1
服装 2 区	C01022	CMS26－991T	荣登男士休闲 T 恤	10 件/箱	箱	正常	45	201702	2017/2/5

续 表

库区	储位	货品编号	货品名称	规格	单位	质量状态	库存数量	批次	入库日期
服装2区	C01023	CMS10-021Q	荣登男士POLO衫	10件/箱	箱	正常	40	201703	2017/3/2
服装2区	C01024	CMS10-021Q	荣登男士POLO衫	10件/箱	箱	正常	40	201701	2017/1/4
服装3区	C02011	CMS15-105P	荣登男士格子短袖衬衣	10件/箱	箱	正常	40	201702	2017/2/19
服装3区	C02012	CMS15-105P	荣登男士格子短袖衬衣	10件/箱	箱	正常	40	201703	2017/3/1
服装3区	C02021	NWP49-276T	荣登女士雪纺衬衫	8件/箱	箱	正常	45	201703	2017/3/29
服装3区	C02022	NWP49-276T	荣登女士雪纺衬衫	8件/箱	箱	正常	12	201702	2017/2/14
服装4区	C02001	NWP49-276T	荣登女士雪纺衬衫	8件/箱	箱	正常	8	201702	2017/2/4
服装4区	C02002	NWP49-276T	荣登女士雪纺衬衫	8件/箱	箱	正常	45	201704	2017/4/1
服装4区	C07003	CMS19-429X	荣登男士简约休闲西装	5套/箱	箱	正常	20	201702	2017/2/5
服装4区	C08003	CMS19-429X	荣登男士简约休闲西装	5套/箱	箱	正常	20	201701	2017/1/17

仓管员吕国庆根据以上库存信息，按入库日期先入先出的出库规则，于2017年2月17日编制了出库单号为OC20170417107的出库单和作业单号为PK2017040016的拣货单，其中拣货单交给拣货组拣货员姜伟平进行拣货作业。当天下午，拣货员姜伟平按拣货单完成所有的拣货作业并根据拣货情况对拣货单进行反馈，所需货品没有出现库存不足等异常的情况。

仓管员吕国庆根据发货通知单和实际的拣货情况对出库单进行完成作业后的反馈，于当天下午把出库单和出库的货品一起交给配送部，由配送部进行配送。

根据公司日清日结的规定，2017年2月17日下班前，仓管员吕国庆根据库存对天津市荣登服装有限公司所有货品进行按库区分别编制了服装2区（盘点单号：ST0004005)、服装 3 区（盘点单号：ST0003002）和服装 4 区（盘点单号：ST0003003）的盘点单，盘点均采用明盘法。其中服装 2 区的库存情况如下：

库区	储位	货品编号	货品名称	规格	单位	质量状态	库存数量	批次	入库日期
服装 2 区	C01022	CMS26－991T	荣登男士休闲 T 恤	10 件/箱	箱	正常	45	201702	2017/2/5
服装 2 区	C01023	CMS10－021Q	荣登男士 POLO 衫	10 件/箱	箱	正常	40	201703	2017/3/2
服装 2 区	C01024	CMS10－021Q	荣登男士 POLO 衫	10 件/箱	箱	正常	20	201701	2017/1/4

服装 2 区的盘点单交给理货组理货员陈晓晓进行盘点，理货员陈晓晓经过盘点发现全部库存准确，并将实际盘点结果在盘点单上进行反馈。

制单要求：

请以天津胜达物流中心仓管员吕国庆身份为服装 2 区的盘点任务填制编号为 CKD0004005 的盘点单。

四、自我评价

评价内容	自我评价		
	掌握	理解	模糊
盘点单的作用			
盘点单的流转程序			
根据案例正确填制盘点单			

第二章　运输单证

运输是指用特定的设备和工具，将物品从一个地点向另一个地点运送的物流活动，它是在不同地域范围内，以改变物的空间位置为目的对物进行的空间位移。

运输是物流的中心环节之一，也是现代物流活动最重要的一个功能。在物流业务活动过程中，直接耗费的活劳动和物化劳动中，它所支付的直接费用主要有运输费、保管费、包装费、装卸搬运费、运输损耗费等。而其中运输费所占的比重最大，是影响物流费用的一项主要因素。国外很重视物流费用的研究，如日本曾对一部分企业进行了调查，在商品从生产商到消费者的物流费用中：保管费占16%，包装费占26%，装卸搬运费占8%，运输费占44%，其他占6%；我国用于运输的费用也占物流费用的40%左右，可见运输费在物流费中所占的比重最大。因此，在物流各环节中，如何搞好运输工作，积极开展合理运输，不仅关系物流时间，也影响物流费用。而运输单证的制作贯穿整个运输过程，保证运输作业顺利进行。运输单证是指代表运输中的货物或证明货物已经付运的单据，它们具体反映了同货物运输有关的当事人（如发货人、承运人、收货人等）的责任与权利，是货物运输业务中最重要的文件。运输单证主要包括：公路货运单、公路货物运输计划、取货通知单、集货单、货物运输险投保单、残损记录表、公路运输货物交接单、铁路货物运单与货票、水路货物运单等。

第一节　公路货运单

一、公路货运单的认识

公路货运单是公路货物运输及运输代理的合同凭证，是运输经营者接受货物并在运输期间负责保管和据以交付的凭据，也是记录车辆运行和行业统计的原始凭证。

公路货运单规定了在货物运输过程中托运人、承运人和收货人的权利、义务和责任，并要求其对所填记的内容负责。货物运单既是办理货物运输的最原始依据，又是划清承运人、托运人与收货人之间责任的重要依据，因此，货物在运输过程中，如果发生货运事故或运输费用计算错误时，货运单就是处理托运人、承运人与收货人间责任的依据。所以，从发货人托运货物、到承运人保管运输货物、再到收货人签收货物，均需要责任人在公路货运单上签字确认。

公路货运单是由承运人签发的，证明货物由承运人接管并安排公路运输，以及承运人保证将货物交给指定收货人的一种单证。公路货运单一般有四联：第一联存根，作为领购新运单和行业统计的凭据；第二联托运人存查联，交托运人存查并作为运输合同当事人一方保存；第三联承运人存查联，交承运人存查并作为运输合同当事人另一方保存；第四联随货同行联，作为载货通行和核算运杂费的凭证，在货物运达、经收货人签收后，作为交付货物的依据。

二、公路货运单的填制

1. 案例背景

2017 年 11 月 9 日 10：00，深圳 HL 物流有限公司（以下简称“HL”）客服李佳收到一份带有客户签章的发运计划，具体内容如下：

托运单号	YD4610000004911	托运人编号	PHKH1301
托运人	深圳科斯濠地毯有限公司 联系人：汪小静（经理） 联系电话：0755－8350×××× 地址：深圳市南山区南山街道南山大道1062号深意工业大厦511室 邮编：518000		
包装方式	纸箱		
货物详情	货物名称：地毯　数量：40箱　总重量：2100kg　总体积：11m^3		
收货人	深圳科斯濠地毯有限公司沈阳办事处 联系人：葛春 联系电话：024－3231×××× 地址：沈阳市和平区文艺路23号 邮编：110000		
托运要求	(1) 要求上门取货和送货，取货地联系信息与托运人联系信息相同，送货地联系信息与收货人联系信息相同 (2) 要求2017年11月14日17：00之前送到目的地 (3) 凭客户签字的运单作为回执		
结算	(1) 结算方式：现结 (2) 此批货物为轻泡货，运费计算公式为：立方米公里运价×运距×总体积 (3) 不收取取货和送货费用，无其他杂费		
投保	货物需要投保，投保金额为100000元，保险费率为货值的2%，保险公司为中华保险公司，HL李东负责此项目		

当天10：15，李佳还收到另一份客户的发运计划，具体内容如下：

托运单号	YD4610000004912	托运人编号	PHKH1302
托运人	深圳迈菲琳有限公司 联系人：李琳 联系电话：400－009－×××× 地址：深圳市龙华区龙华街道和平东路港之龙商务中心B座8楼 邮编：518110		
包装方式	纸箱		
货物详情	货物名称：保暖内衣　数量：250箱　总重量：3700kg　总体积：18m^3		

续 表

收货人	深圳迈菲琳有限公司哈尔滨办事处 联系人：林玉 联系电话：0451－8435×××× 地址：哈尔滨市松北区世贸大道17号 邮编：150000
托运要求	（1）要求上门取货和送货，取货地联系信息与托运人联系信息相同，送货地联系信息与收货人联系信息相同 （2）要求2017年11月13日17：00之前送到目的地 （3）凭客户签字的运单作为回执
结算	（1）结算方式：月结 （2）此批货物为轻泡货，运费计算公式为：立方米公里运价×运距×总体积 （3）取货和送货费用为200元，无其他杂费
投保	不投保

客服李佳在审核完这两个客户的业务申请后，将订单提交给调度彭鹏进行操作。

11月9日11：00，调度彭鹏根据车辆、作业等情况，编制计划单号为YSJH4900033的运输计划，该运输计划包含托运单号为YD4610000004911、YD4610000004912的两张托运单内的全部货物。

11月9日13：00，货运员林浩到取货地收取托运单号YD4610000004911的货物，点验所托运货物，查无包装及数量等异常后，填制运单号为YD4610000004911的公路货运单，并请托运人核对运单信息，并在运单"托运人签字"一栏中签字确认。

11月9日15：30，货运员林浩到取货地收取托运单号YD4610000004912的货物，点验所托运货物，查无包装及数量等异常后，填制运单号为YD4610000004912的公路货运单，并请托运人核对运单信息，并在运单"托运人签字"一栏中签字确认。

货物于2017年11月10日7：00在深圳站装车，装卸员林南宇负责装车作业。预计于2017年11月10日9：00发车出深圳站，2017年11月10日23：00到达沈阳站。货物到达沈阳后，托运单号为YD4610000004911的货物顺利完成卸车，然后不更换运输车辆，预计于2017年11月11日6：00从沈阳站出发，2017年11月11日16：00到达哈尔滨站。

其他：

（1）从深圳到沈阳的轻泡货物的运价为0.6元/立方米公里，重货运价为0.75元/吨公里；从深圳到哈尔滨的轻泡货物的运价为0.7元/立方米公里，重货运价为0.95元/吨公里。

（2）公司现有运力资源如下：

姓名	车牌号	联系方式	货厢尺寸（长×宽×高）（m^3）	车容（m^3）	核载（t）	货厢类型	运作线路
林镇	粤B5911×	1354212××××	4.2×1.8×1.9	12	3	全厢	市内取货
杨旸	粤B5SF4×	1357842××××	7.2×2.3×2.5	35	10	全厢	市内取货
陈强	粤A5961×	1385645××××	4.2×1.8×1.9	12	3	全厢	深圳—哈尔滨
王广云	粤A8843×	1356548××××	5.2×2.15×2.3	22	6.5	全厢	深圳—哈尔滨
李明	粤E8963×	1389781××××	7.2×2.3×2.5	35	10	全厢	深圳—哈尔滨

（3）深圳至哈尔滨行驶路线：深圳—沈阳—哈尔滨。

（4）全国（部分）主要城市间公路里程参照表如下所示：

单位：公里

深圳	深圳				
天津	2136	天津			
北京	2160	137	北京		
沈阳	3149	660	786	沈阳	
哈尔滨	3352	1267	1238	556	哈尔滨

制单要求：

请以货运员林浩的身份制作运单号为YD4610000004911的公路货运单。

2. 制单说明

（1）运单号码：请填写托运单号。

（2）托运人姓名、电话、单位、托运人详细地址、邮编：分别填写托运人的联系人姓名、电话、托运人的单位名称、托运人的地址、托运人的邮编。

（3）托运人账号：结算方式为月结的，必须填写有效的托运人账号；其他情况的（如现结），该栏目为空。

公路货运单

运单号码：（1）

托运人姓名	（2）	电话	（2）	收货人姓名	（5）	电话	（5）
单位	（2）			单位	（5）		
托运人详细地址	（2）			收货人详细地址	（5）		
托运人账号	（3）	邮编	（2）	收货人账号	（6）	邮编	（5）
取货地联系人姓名	（4）	单位	（4）	送货地联系人姓名	（7）	单位	（7）
电话	（4）	邮编	（4）	电话	（7）	邮编	（7）
取货地详细地址	（4）			送货地详细地址	（7）		
始发站	（8）	目的站	（8）	起运日期	（11）	要求到货日期	
运距	（9） 千米	全行程	（9） 千米	是否取送	是否要求回执		
路由	（10）			取货 　 送货 　 否	运单 　 客户单据		
货物名称	包装方式	件数	计费重量	体积	取货人签字	（12）	
			（13）	（13）	（12）	年 　 月	日
					托运人或代理人签字或盖章		
					实际发货件数		件
						年 　 月	日

续 表

					收货人或代理人签字或盖章		
合计					实际发货件数		件
收费项	运费	取/送货费	杂费	费用小计		年 月 日	
费用金额		（14）	（15）	（16）	送货人签字		
客户投保声明	不投保		投保			年 月 日	
	投保金额	元	保险费	元	备注：		
运杂费合计（大写）	（17）万 仟 佰 拾 贰 元 角						
结算方式：							
现结	月结		预付款	元			
到付		付费账号	（18）				
运杂费合计（大写）							
制单人	（19）	受理日期	（20） 年 月 日 时	受理单位	（21）		

（4）取货地联系人姓名、电话、单位、取货地详细地址、邮编：分别填写取货地的联系人姓名、电话、取货地的单位名称、取货地的地址、取货地的邮编。

（5）收货人姓名、电话、单位、收货人详细地址、邮编：分别填写收货人的联系人姓名、电话、收货人的单位名称、收货人的地址、收货人的邮编。

（6）收货人账号：该栏目为空。

（7）送货地联系人姓名、电话、单位、送货地详细地址、邮编：分别填写送货地的联系人姓名、电话、送货地的单位名称、送货地的地址、送货地的邮编。

（8）始发站、目的站：请填写城市名称，如广州。

（9）运距、全行程：请填写始发站到目的站的公路里程。

（10）路由：填写货物的行走路线，请按以下格式填写。

不需中转（不更换运输工具）的运单	始发站—目的站，如北京—广州
需中转（更换运输工具）的运单	始发站—中转站—目的站，如北京—武汉—广州

（11）起运日期：需要取货的运单请填写取货时间，否则填写托运人自行送站时间。

（12）取货人签字、签字时间：实际取货的工作人员签字和签字时间。

（13）计费重量、体积：请填写货物的实际总重量、实际总体积。

（14）取/送货费：请填写取货费用和送货费用的合计，无取/送货费的，该栏目为空。

（15）杂费：精确到元，无杂费的，该栏目为空。

（16）费用小计：请填写运费、取/送货费、杂费的合计。

（17）运杂费合计（大写）：请填写费用小计、保险费的合计，大写方式请用“零”补齐。

（18）付费账号：结算方式为月结的，必须填写有效的托运人付费账号；其他情况的（如现结），该栏目为空。

（19）制单人：请填写初次填写单据的工作人员。

（20）受理日期：需要取货的运单请填写取货时间，否则填写制单时间。

（21）受理单位：请填写制单人的所在工作单位名称。

3. 单证填制

货运员林浩到达取货地点→点验托运货物→根据取货情况填制公路货运单→与托运人交接货物。完成后的公路货运单如下所示：

公路货运单

运单号码：YD4610000004911

托运人姓名	汪小静	电话	0755－8350××××	收货人姓名	葛春	电话	024－3231××××				
单位	深圳科斯濠地毯有限公司			单位	深圳科斯濠地毯有限公司沈阳办事处						
托运人详细地址	深圳市南山区南山街道南山大道1062号深意工业大厦511室			收货人详细地址	沈阳市和平区文艺路23号						
托运人账号		邮编	518000	收货人账号		邮编	110000				
取货地联系人姓名	汪小静	单位	深圳市科斯濠地毯有限公司	送货地联系人姓名	葛春	单位	深圳科斯濠地毯有限公司沈阳办事处				
电话	0755－8350××××	邮编	518000	电话	024－3231××××	邮编	110000				
取货地详细地址	深圳市南山区南山街道南山大道1062号深意工业大厦511室			送货地详细地址	沈阳市和平区文艺路23号						
始发站	深圳	目的站	沈阳	起运日期	2017－11－10 9:00	要求到货日期	2017－11－14 17:00				
运距	3149	千米	全行程	3149	千米	是否取送			是否要求回执		
路由	深圳—沈阳	取货	是	送货	是	否		运单	是	客户单据	是
货物名称	包装方式	件数	计费重量	体积	取货人签字	林浩					
地毯	纸箱	40	2100	11	2017	年	11	月	9	日	
					托运人或代理人签字或盖章	李丽					
					实际发货件数	40	件				

续 表

						年		月		日		
					收货人或代理人签字或盖章							
合计		40	2100	11	实际发货件数					件		
收费项	运费	取/送货费	杂费	费用小计		年		月		日		
费用金额	20783.4			20783.4	送货人签字							
客户投保声明	不投保		投保	是		年		月		日		
	投保金额	100000	元	保险费	1000	元	备注：					
运杂费合计（大写）	贰	万	壹	仟	柒	佰	捌	拾	叁	元	肆	角
结算方式：												
现结	是	月结		预付款		元						
到付		付费账号										
运杂费合计（大写）	贰万壹仟柒佰捌拾叁元肆角											
制单人	林浩	受理日期	2017	年	11	月	9	日	10	时	受理单位	深圳HL物流有限公司

三、巩固与提高

2017年4月22日9：00，深圳骐达物流有限公司客服张岚收到深圳德邦物流公司配送中心配送部计划员于科的托运订单，托运订单相关信息如下：

运单号	4710000000010
托运人	深圳德邦物流公司 联系人：于科 电话：0755－8923×××× 地址：深圳市龙岗区龙城街道风临国际B2704室 邮编：518116
托运货物	货物名称：男式羽绒服　数量：90箱　总体积：$50\times40\times60cm^3$ 毛重：30kg/箱　净重：28kg/箱
收货人	深圳德邦物流公司货运站（广州） 联系人：钟蓝 电话：020－2682×××× 地址：广州市南沙区南沙货运码头 邮编：511458
托运要求	（1）要求取货和送货（取货地址同托运人地址，送货地址同收货人地址），取货费150元，送货费50元，装箱费100元 （2）4月24日9：00前到货 （3）此批货物为轻泡货，运费计算公式为：立方米公里运价×运距×总体积
结算	月结
投保	不投保

深圳骐达物流有限公司客服张岚将托运订单信息传递给调度崔丽，崔丽根据托运订单信息进行调度安排，安排货运员张辽携取货通知单和空白的公路货物运单执行取货作业。4月22日11：00，张辽至取货地点进行取货，点验所托运货物，查无包装及数量等异常后于12：00现场受理并填制运单号为4710000000010的公路货运单，并于13：00起运。

4月23日8：00，深圳骐达物流有限公司将货物运到深圳德邦物流公司货运站（广州）。深圳到广州的运输里程为147公里，运价为2.5元/立方米公里。

制单要求：

请以货运员张辽的身份填制运单号为4710000000010的公路货运单。

四、自我评价

评价内容	自我评价		
	掌握	理解	模糊
公路货运单的作用			
公路货运单的流转程序			
根据案例正确填制公路货运单			

第二节　公路货物运输计划

一、公路货物运输计划的认识

公路货物运输计划是关于货物运输有关事宜的安排，对未来一定时期货物运输的数量、距离等的指导和安排。主要任务是：合理组织货物运输，保证生产、生活物资及时运送，加速物资周转，节约运力和运费。

运输计划可分为以下三类。

（1）根据其编制期限可分为长远计划、年度计划和月度计划。

（2）按其运输方式可分为整车、零担和集装箱三种。

（3）按货运日常工作组织要求，可分为月度计划和日计划。

运输计划一般有三联：计划联、执行联和统计联。第一联是计划联，计划调度应结合资源，均衡流量、流向和时限，填写运输计划，并留存第一联，其他两联交予执行调度；第二联是执行联，执行调度并据此填写集货单；第三联是统计联，用于登记运输计划台账。

二、公路货物运输计划的填制

1. 案例背景

2017年11月9日10：00，深圳HL物流有限公司（以下简称“HL”）客服李佳收到一份带有客户签章的发运计划，具体内容如下：

托运单号	YD4610000004911	托运人编号	PHKH1301
托运人	深圳科斯濠地毯有限公司 联系人：汪小静（经理） 联系电话：0755－8350×××× 地址：深圳市南山区南山街道南山大道1062号深意工业大厦511室 邮编：518000		

续　表

包装方式	纸箱
货物详情	货物名称：地毯　数量：40 箱　总重量：2100kg　总体积：11m³
收货人	深圳科斯濠地毯有限公司沈阳办事处 联系人：葛春 联系电话：024－3231×××× 地址：沈阳市和平区文艺路 23 号 邮编：110000
托运要求	(1) 要求上门取货和送货，取货地联系信息与托运人联系信息相同，送货地联系信息与收货人联系信息相同 (2) 要求 2017 年 11 月 14 日 17：00 之前送到目的地 (3) 凭客户签字的运单作为回执
结算	(1) 结算方式：现结 (2) 此批货物为轻泡货，运费计算公式为：立方米公里运价×运距×总体积 (3) 不收取取货和送货费用，无其他杂费
投保	货物需要投保，投保金额为 100000 元，保险费率为货值的 2%，保险公司为中华保险公司，HL 李东负责此项目

当天 10：15，李佳还收到另一份客户的发运计划，具体内容如下：

托运单号	YD4610000004912	托运人编号	PHKH1302
托运人	深圳迈菲琳有限公司 联系人：李琳 联系电话：400－009－×××× 地址：深圳市龙华区龙华街道和平东路港之龙商务中心 B 座 8 楼 邮编：518110		
包装方式	纸箱		
货物详情	货物名称：保暖内衣　数量：250 箱　总重量：3700kg　总体积：18m³		
收货人	深圳迈菲琳有限公司哈尔滨办事处 联系人：林玉 联系电话：0451－8435×××× 地址：哈尔滨市松北区世贸大道 17 号 邮编：150000		

续　表

托运要求	（1）要求上门取货和送货，取货地联系信息与托运人联系信息相同，送货地联系信息与收货人联系信息相同 （2）要求2017年11月13日17：00之前送到目的地 （3）凭客户签字的运单作为回执
结算	（1）结算方式：月结 （2）此批货物为轻泡货，运费计算公式为：立方米公里运价×运距×总体积 （3）取货和送货费用为200元，无其他杂费
投保	不投保

客服李佳在审核完这两个客户的业务申请后，将订单提交给调度彭鹏进行操作。

11月9日11：00，调度彭鹏根据车辆、作业等情况，编制计划单号为YSJH4900033的运输计划，该运输计划包含托运单号为YD4610000004911、YD4610000004912的两张托运单内的全部货物。

11月9日13：00，货运员林浩到取货地收取托运单号YD4610000004911的货物，点验所托运货物，查验无包装及数量等异常后，填制运单号为YD4610000004911的公路货运单，并请托运人核对运单信息，并在运单“托运人签字”一栏中签字确认。

11月9日15：30，货运员林浩到取货地收取托运单号YD4610000004912的货物，点验所托运货物，查验无包装及数量等异常后，填制运单号为YD4610000004912的公路货运单，并请托运人核对运单信息，并在运单“托运人签字”一栏中签字确认。

货物于2017年11月10日7：00在深圳站装车，装卸员林南宇负责装车作业。预计于2017年11月10日9：00发车出深圳站，2017年11月10日23：00到达沈阳站。货物到达沈阳后，托运单号为YD4610000004911的货物顺利完成卸车，然后不更换运输车辆，预计于2017年11月11日6：00从沈阳站出发，2017年11月11日16：00到达哈尔滨站。

其他：

（1）从深圳到沈阳的轻泡货物的运价为0.6元/立方米公里，重货运价为0.75元/吨公里；从深圳到哈尔滨的轻泡货物的运价为0.7元/立方米公里，重货运价为0.95元/吨公里。

（2）公司现有运力资源如下：

姓名	车牌号	联系方式	货厢尺寸（长×宽×高）（m^3）	车容（m^3）	核载（t）	货厢类型	运作线路
林镇	粤 B5911×	1354212××××	4.2×1.8×1.9	12	3	全厢	市内取货
杨旸	粤 B5SF4×	1357842××××	7.2×2.3×2.5	35	10	全厢	市内取货
陈强	粤 A5961×	1385645××××	4.2×1.8×1.9	12	3	全厢	深圳—哈尔滨
王广云	粤 A8843×	1356548××××	5.2×2.15×2.3	22	6.5	全厢	深圳—哈尔滨
李明	粤 E8963×	1389781××××	7.2×2.3×2.5	35	10	全厢	深圳—哈尔滨

（3）深圳至哈尔滨行驶路线：深圳—沈阳—哈尔滨。

（4）全国（部分）主要城市间公路里程参照表如下：

单位：公里

深圳	深圳				
天津	2136	天津			
北京	2160	137	北京		
沈阳	3149	660	786	沈阳	
哈尔滨	3352	1267	1238	556	哈尔滨

制单要求：

根据公司现有的运力资源，调度彭鹏选择李明驾驶的车牌号为粤 E8963×的车辆执行该运输任务，请以调度彭鹏的身份填制编号为 YSJH4900033 的运输计划。

2. 制单说明

运输计划

发运时间：　　年　　月　　日（1）　　　　　　　　　　编号：

车牌号		核载（t）		车容（m^3）			始发站	经停站	目的站
计费里程（km）	（3）	司机		联系方式		到达时间	（6）	（6）	（6）
全行程（km）	（3）	备用金（元）	（4）	预计装载量（t）	（5）	发车时间	（7）	（7）	（7）

经停站										
发货人	发货地址	货物名称	包装	数量（件）	重量（kg）	体积（m^3）	收货人	收货地址	收货时间	备注
（8）	（8）	（8）	（8）	（8）	（8）	（8）	（8）	（8）	（2）	（10）
目的站										
发货人	发货地址	货物名称	包装	数量（件）	重量（kg）	体积（m^3）	收货人	收货地址	收货时间	备注
（9）	（9）	（9）	（9）	（9）	（9）	（9）	（9）	（9）	（2）	（10）

（1）发运时间：请填写车辆在始发站的发运时间。

（2）收货时间：请填写该批货物的要求到货时间。

（3）计费里程、全行程：请填写始发站到目的站的公路里程。

（4）备用金：预留字段，请填写0。

（5）预计装载量：请填写该车辆所运货物的总重量。

（6）到达时间（始发站、经停站、目的站）：请分别填写车辆在经停站、目的站的预计到达时间，始发站的到达时间不用填。

（7）发车时间（始发站、经停站、目的站）：请分别填写车辆在始发站、经停站的预计发车时间，目的站的发车时间不用填。

（8）经停站托运订单信息：请填写车辆所载货物中，目的站为本车辆经停站的托运订单信息，其中发货人请填写托运人单位全名，重量、体积为某条托运订单信息中的总重量和总体积，收货人请填写收货人单位全名，收货时间为要求到货时间。

（9）目的站托运订单信息：请填写车辆所载货物中，目的站为本车辆目的站的托运订单信息，其中发货人请填写托运人单位，重量、体积为某条托运订单信息中的总重量和总体积，收货人请填写收货人单位，收货时间为要求到货时间。

（10）备注信息：未提供备注信息的，该空可不填。

3. 单证填制

编制运输计划，主要从干线运输优化的角度考虑，可以先汇总分析客户发来的发货通知，根据客户运输需求、货物货量、货物流向和货物属性安排干线运输车辆和司机。调度彭鹏选择李明驾驶的车牌号为粤 E8963 × 的车辆执行该运输任务，完成后的公路货物运输计划如下所示：

运输计划

发运时间：2017 年 11 月 10 日　　　　编号：YSJH4900033

车牌号	粤 E8963 ×	核载（t）	10	车容(m³)	35		始发站	经停站	目的站
计费里程（km）	3352	司机	李明	联系方式	1389781 × × × ×	到达时间		2017 – 11 – 10 23:00	2017 – 11 – 11 16:00
全行程（km）	3352	备用金（元）		预计装载量(t)	5. 8	发车时间	2017 – 11 – 10 9:00	2017 – 11 – 11 6:00	

经停站

发货人	发货地址	货物名称	包装	数量（件）	重量（kg）	体积（m³）	收货人	收货地址	收货时间	备注
深圳科斯濠地毯有限公司	深圳市南山区南山街道南山大道 1062 号深意工业大厦 511 室	地毯	纸箱	40	2100	11	深圳科斯濠地毯有限公司沈阳办事处	沈阳市和平区文艺路 23 号	2017 – 11 – 14 17:00	

目的站

发货人	发货地址	货物名称	包装	数量（件）	重量（kg）	体积（m³）	收货人	收货地址	收货时间	备注
深圳迈菲琳有限公司	深圳市龙华区龙华街道和平东路港之龙商务中心 B 座 8 楼	保暖内衣	纸箱	250	3700	18	深圳迈菲琳有限公司哈尔滨办事处	哈尔滨市松北区世贸大道 17 号	2017 – 11 – 13 17:00	

三、巩固与提高

2017年4月16日10：00，宁波海洋渔业公司客服刘华将一份发运计划传真给宁波速达运输公司，具体内容如下：

托运单号	YD4610000004913	客户编号	PHKH5013
托运人	宁波海洋渔业公司 联系人：凯丽（经理） 联系电话：0574－5226×××× 地址：宁波市象山县大庆路 邮编：315731		
包装方式	纸箱		
货物详情	货物名称：冻鳎鱼　数量：501箱　重量：50kg/箱　体积：0.15m³/箱		
收货人	杭州康佳食品公司 联系人：李琦（经理） 联系电话：0571－6435×××× 地址：浙江省杭州市江干区下沙街道 邮编：310018		
托运要求	（1）要求上门取货和送货，取货地联系信息与托运人联系信息相同，送货地联系信息与收货人联系信息相同 （2）要求2017年4月17日17：00之前送到目的地 （3）凭客户签字的运单作为回执 （4）不投保 （5）运费现结，运费1000元，取货及派货各50元 （6）运输过程中车厢内温度要保持为－18℃～10℃		

当天10：15，宁波速达运输公司还收到几份托运委托书，具体如下：

托运单号	YD4610000004914	客户编号	PHKH5014
托运人	宁波银沙贸易公司 联系人：王毅（经理） 联系电话：1345464×××× 地址：宁波市北仑区金都大厦16楼 邮编：315800		
包装方式	纸箱		

续 表

<table>
<tr><td>货物详情</td><td colspan="3">货物名称：运动器材　数量总计：60 箱
货物明细：
（1）货物名称：自行车　数量：40 箱　规格：2 辆/箱　体积：0.12m³/箱
重量：50kg/箱
（2）货物名称：山地自行车　数量：20 箱　规格：1 辆/箱　体积：0.15m³/箱
重量：50kg/箱
此批货物为重货，运费计算公式为：吨公里运价×运距×吨重量</td></tr>
<tr><td>收货人</td><td colspan="3">杭州第一体育用品公司
联系人：许吉（经理）
联系电话：1890101××××
地址：浙江省杭州市武林路 1112 号
邮编：310006</td></tr>
<tr><td>托运要求</td><td colspan="3">（1）要求上门取货和送货，取货地联系信息与托运人联系信息相同，送货地联系信息与收货人联系信息相同
（2）要求 2017 年 4 月 18 日 9：00 之前送到目的地
（3）凭客户签字的运单作为回执
（4）结算方式：月结
（5）不投保</td></tr>
</table>

<table>
<tr><td>托运单号</td><td>YD4610000004915</td><td>客户编号</td><td>PHKH5015</td></tr>
<tr><td>托运人</td><td colspan="3">宁波农夫牧场公司
联系人：李星辰（经理）
联系电话：1301212××××
地址：宁波市江北区工业中路 41 号
邮编：315000</td></tr>
<tr><td>包装方式</td><td colspan="3">纸箱</td></tr>
<tr><td>货物详情</td><td colspan="3">货物名称：冻虾仁　数量：100 箱　体积：0.12m³/箱　重量：50kg/箱
此批货物为重货，运费计算公式为：吨公里运价×运距×吨重量</td></tr>
<tr><td>收货人</td><td colspan="3">杭州家乐福超市
联系人：金清（经理）
联系电话：1890101××××
地址：浙江省杭州市上城区清风路 1332 号
邮编：310002</td></tr>
<tr><td>托运要求</td><td colspan="3">（1）要求上门取货和送货，取货地联系信息与托运人联系信息相同，送货地联系信息与收货人联系信息相同
（2）要求 2017 年 4 月 18 日 9：00 之前送到目的地
（3）凭客户签字的运单作为回执
（4）结算方式：现结
（5）不投保
（6）运输过程中车厢内温度要保持为 −18℃ ~10℃</td></tr>
</table>

公司现有运力资源如下：

姓名	车牌号	联系方式	货厢尺寸（长×宽×高）（m^3）	车容（m^3）	核载（t）	车型	货厢类型	运作线路
刘建成	浙G4534×	1300009××××	4.2×1.8×1.9	12	3	普通	全厢	市内取货
蒋大力	浙G7645×	1398999××××	7.2×2.3×2.5	35	10	冷藏	全厢	市内取货
王富贵	浙A6456×	1328880××××	4.2×1.8×1.9	12	3	普通	全厢	宁波—杭州
王小蓟	浙A4565×	1353997××××	5.2×2.15×2.3	22	6.5	冷藏	全厢	宁波—杭州
段都安	浙G6456×	1376072××××	7.2×2.3×2.5	35	16	冷藏	全厢	宁波—杭州

当天10：45，宁波速达运输公司客服姜云接到客户发来的运单号为YD4610000004915的更改货品数量信息。客户将减少10箱货品，其他信息不变。客服姜云在最终审核修改完这三个客户的业务申请后，将订单提交给调度刘洋进行操作。

4月16日11：15，调度刘洋根据车辆、运输货物等情况，编制计划单号为YSJH4900034的运输计划，该运输计划包含托运单号为YD4610000004913、YD4610000004915的两张托运单内的全部货物。

4月16日12：00，调度刘洋根据车辆、作业等情况，派货运员邱晓彤执行该取货以及运输任务。4月16日15：00，邱晓彤到达制定取货点，如数取到货后，取货人、托运人签字确认。

4月16日17：00，货运员邱晓彤回到公司，并告知调度刘洋完成集货作业，无异常情况。

货物于2017年4月16日19：00在宁波站装车，装卸员林宇负责装车作业。

预计于2017年4月16日23：00发车出宁波站，2017年4月17日3：00到达杭州站，司机携带备用金600元。

宁波到杭州里程约200公里。

制单要求：

请以宁波速达运输公司调度员刘洋的身份填制运输计划。

四、自我评价

评价内容	自我评价		
	掌握	理解	模糊
公路货物运输计划的作用			
公路货物运输计划的流转程序			
根据案例正确填制公路货物运输计划单			

第三节　取货通知单

取货调度是物流公司运输作业中的准备工作，调度员主要通过合理调度车辆、人员，规划确定配送路线、车辆积载等来满足客户服务需求。取货作业通常仅限于一个城市内或比较近的地区范围内，按照运输调度计划将一批或多批货物合理取回。

一、取货通知单的认识

取货通知单是调度员组织取货作业必须填写的单证，是取货人员取货的依据，由调度员传递给取货人员，取货人员根据取货通知单完成取货作业。取货通知单一般为三联：第一联留存，其他两联交调度员；调度员持取货通知单和货运员进行取货作业，取货完成后调度员留存第二联；第三联交回执行调度核实单据信息，登记线路台账后第三联交运输部门统计，并登记运输统计台账。

二、取货通知单填制

1. 案例背景

2017 年 9 月 15 日 9：00，深圳 HL 物流有限公司（以下简称“HL”）深圳站客服李佳收到一份带有客户签章的发运计划，具体内容如下：

托运单号	YD4610000005901	托运人编号	PHKH1356
托运人	深圳金众力体育器材有限公司 联系人：景甜（经理） 联系电话：0755 – 8216 × × × × 地址：深圳市福田区深圳体育中心体育场 11 区 A02 邮编：518000		
包装方式：	纸箱		
货物详情	货物名称：运动服　数量：1000 件　总重量：1050kg　总体积：$6m^3$		

续　表

收货人	深圳金众力体育器材有限公司沈阳办事处 联系人：王博 联系电话：024－3423×××× 地址：沈阳市东陵区长顺路58号 邮编：110000
托运要求	（1）要求上门取货和送货，取货地联系信息与托运人联系信息相同，送货地联系信息与收货人联系信息相同 （2）要求2017年9月19日17：00之前送到目的地 （3）凭客户签字的运单作为回执
结算	（1）结算方式：现结 （2）此批货物为轻泡货，运费计算公式为：立方米公里运价×运距×总体积 （3）不收取取货和送货费用，无其他杂费
投保	货物需要投保，投保金额为100000元，保险费率为货值的1%，保险公司为中华保险公司，HL深圳站刘大明负责此项目

当天10：30，李佳还收到另一份客户的发运计划，具体内容如下：

托运单号	YD4610000005902	托运人编号	PHKH1357
托运人	深圳市天尚服装有限公司 联系人：刘利 联系电话：0755－2866×××× 地址：深圳市罗湖区建设路2016号南方证券大厦A座九楼 邮编：518001		
包装方式	纸箱		
货物详情	货物名称：针织衫　数量：1750件　总重量：1850kg　总体积：9m^3		
收货人	深圳市天尚服装有限公司哈尔滨办事处 联系人：梁玉 联系电话：0451－8348×××× 地址：哈尔滨市松北区世贸大道58号 邮编：150028		
托运要求	（1）要求上门取货和送货，取货地联系信息与托运人联系信息相同，送货地联系信息与收货人联系信息相同 （2）要求2017年9月18日17：00之前送到目的地 （3）凭客户签字的运单作为回执		

续 表

结算	（1）结算方式：月结 （2）此批货物为轻泡货，运费计算公式为：立方米公里运价×运距×总体积 （3）取货和送货费用合计为200元，无其他杂费 （4）托运人付费账号：6222000111××××
投保	不投保

当天10：45，客服李佳接到客户发来的运单号为YD4610000005901的更改货品数量信息。客户减少100件货品，实际数量900件；总重量1000kg；总体积5m^3，其他信息不变。

客服李佳在最终审核、修改完这两个客户的业务申请后，将订单提交给调度彭鹏进行操作。

9月15日11：00，调度彭鹏根据车辆、作业等情况，编制计划单号为YSJH5790001的运输计划，该运输计划包含托运单号为YD4610000005901、YD4610000005902的两张托运单的货物。

同时，调度彭鹏根据作业路线等情况编制了这两批货物的取货通知单，取货通知单号为QHTZ4560033，要求货运员林浩9月15日12：00从公司出发，18：00前返回，按托运单号顺序取货（YD4610000005901、YD4610000005902），并安排货运员林浩执行该取货作业。

9月15日13：00，货运员林浩到取货地收取托运单号为YD4610000005901的货物，点验所托运货物，查验无包装及数量等异常后，填制运单号为YD4610000005901的公路货运单，并请托运人核对运单信息，在运单"托运人签字"一栏中签字确认。

9月15日15：00，货运员林浩到取货地收取托运单号为YD4610000005902的货物，点验所托运货物，发现缺少50件，经与客户沟通后，按实际数量托运。实际数量1700件；总重量1800kg；总体积：8m^3，其他信息不变。查验无其他异常后，填制运单号为YD4610000005902的公路货运单，并请托运人核对运单信息，在运单"托运人签字"一栏中签字确认。

9月15日17：00，货运员林浩回到公司，并告知调度彭鹏完成集货作业，无异常情况。

货物于2017年9月16日7：00在深圳站装车，装卸员林南宇负责装车作业。

预计于2017年9月16日9：00发车出深圳站，2017年9月16日23：00到达沈阳站。货物到达沈阳后，托运单号为 YD4610000005901 的货物顺利完成卸车，然后不更换运输车辆，预计于 2017 年 9 月 17 日 6：00 从沈阳站出发，2017 年 9 月 17 日 16：00 托运单号为 YD4610000005902 的货物顺利到达哈尔滨站。

其他：

（1）从深圳到沈阳的轻泡货物的运价为 0.6 元/立方米公里，重货运价为 0.75 元/吨公里；从深圳到哈尔滨的轻泡货物的运价为 0.7 元/立方米公里，重货运价为 0.95 元/吨公里。

（2）公司现有运力资源如下：

姓名	车牌号	联系方式	货厢尺寸（长×宽×高）（m^3）	车容（m^3）	核载（t）	货厢类型	运作线路
林镇	粤 B5911×	1354212××××	4.2×1.8×1.9	12	3	全厢	市内取货
杨旸	粤 B5SF4×	1357842××××	7.2×2.3×2.5	35	10	全厢	市内取货
陈强	粤 A5961×	1385645××××	4.2×1.8×1.9	12	3	全厢	深圳—哈尔滨
王广云	粤 A8843×	1356548××××	5.2×2.15×2.3	22	6.5	全厢	深圳—哈尔滨
李明	粤 E8963×	1389781××××	7.2×2.3×2.5	35	10	全厢	深圳—哈尔滨

（3）深圳至哈尔滨行驶路线：深圳—沈阳—哈尔滨。

（4）全国（部分）主要城市间公路里程参照表如下：

单位：公里

深圳	深圳				
天津	2136	天津			
北京	2160	137	北京		
沈阳	3149	660	786	沈阳	
哈尔滨	3352	1267	1238	556	哈尔滨

制单要求：

根据公司现有的运力资源，调度彭鹏选择杨旸驾驶的车牌号为粤 B5SF4×的车辆执行该运输任务，请以调度彭鹏的身份填制编号为 QHTZ4560033 的取货通知单。

2. 制单说明

取货通知单

<table>
<tr><td colspan="12">单号：(1)</td></tr>
<tr><td colspan="2">货运员</td><td colspan="4">(2)</td><td colspan="2">出发时间</td><td colspan="4">(3)</td></tr>
<tr><td colspan="2">车牌号</td><td colspan="4">(2)</td><td colspan="2">返回时间</td><td colspan="4">(3)</td></tr>
<tr><td colspan="12">客户信息</td></tr>
<tr><td>顺序</td><td colspan="2">托运单号</td><td colspan="2">托运人</td><td colspan="2">地址</td><td colspan="3">电话</td><td>姓名</td><td>邮编</td></tr>
<tr><td></td><td colspan="2">(4)</td><td colspan="2">(5)</td><td colspan="2">(5)</td><td colspan="3">(5)</td><td>(5)</td><td>(5)</td></tr>
<tr><td colspan="12">货物信息</td></tr>
<tr><td>托运单号</td><td colspan="3">货物名称</td><td colspan="2">件数（件）</td><td colspan="2">重量（kg）</td><td colspan="2">体积（m^3）</td><td colspan="2">包装方式</td></tr>
<tr><td>(6)</td><td colspan="3">(6)</td><td colspan="2">(6)</td><td colspan="2">(6)</td><td colspan="2">(6)</td><td colspan="2">(6)</td></tr>
<tr><td>总数量</td><td colspan="2">(7)</td><td>件</td><td colspan="2">总重量</td><td>(7)</td><td>kg</td><td colspan="2">总体积</td><td>(7)</td><td>m^3</td></tr>
<tr><td colspan="2">填表人</td><td colspan="4">(8)</td><td colspan="2">填表时间</td><td colspan="4">(9)</td></tr>
</table>

（1）单号：填写取货通知单号。

（2）货运员、车牌号：请根据实际运力资源情况填写。

（3）出发时间、返回时间：分别填写调度要求作业时间。

（4）客户信息栏中托运单号：请按调度要求取货顺序依次填写所承运货物的运单号码。

（5）托运人、地址、电话、姓名、邮编：分别填写与托运单号对应的托运人单位、地址、电话、姓名、邮编。

（6）货物信息栏中托运单号、货物名称、件数、重量、体积、包装方式：分别填写对应托运单号上所承运货物的名称、件数、总重量、总体积、包装方式。

（7）总数量、总重量、总体积：分别填写所有托运单的总件数之和、总重量之和、总体积之和。

（8）填表人：请填写初次填写单据的工作人员姓名。

（9）填表时间：请填写填制该表的日期。

3. 单证填制

接收取货指令并进行取货调度作业，分析运单后查询车辆和人力资源，确定取货费用，安排取货时间。一般根据分析结果首先安排车辆和司机，根据公司 TMS（运输管理系统）对资源进行查询，选择相应的车辆和司机执行取货任务。最后调度填制取货通知单，货运员带齐单据跟车取货。完成后的取货通知单如下所示：

取货通知单

<table>
<tr><td colspan="10">单号：QHTZ4560033</td></tr>
<tr><td colspan="2">货运员</td><td colspan="3">林浩</td><td colspan="2">出发时间</td><td colspan="3">2017－9－15 12：00</td></tr>
<tr><td colspan="2">车牌号</td><td colspan="3">粤 B5SF4×</td><td colspan="2">返回时间</td><td colspan="3">2017－9－15 17：00</td></tr>
<tr><td colspan="10">客户信息</td></tr>
<tr><td>顺序</td><td>托运单号</td><td>托运人</td><td colspan="3">地址</td><td colspan="2">电话</td><td>姓名</td><td>邮编</td></tr>
<tr><td>1</td><td>YD4610000005901</td><td>深圳金众力体育器材有限公司</td><td colspan="3">深圳市福田区深圳体育中心体育场 11 区 A02</td><td colspan="2">0755－8216××××</td><td>景甜</td><td>518000</td></tr>
<tr><td>2</td><td>YD4610000005902</td><td>深圳市天尚服装有限公司</td><td colspan="3">深圳市罗湖区建设路 2016 号南方证券大厦 A 座九楼</td><td colspan="2">0755－2866××××</td><td>刘利</td><td>518001</td></tr>
<tr><td colspan="10">货物信息</td></tr>
<tr><td colspan="2">托运单号</td><td colspan="2">货物名称</td><td colspan="2">件数（件）</td><td>重量（kg）</td><td>体积（m^3）</td><td colspan="2">包装方式</td></tr>
<tr><td colspan="2">YD4610000005901</td><td colspan="2">运动服</td><td colspan="2">900</td><td>1000</td><td>5</td><td colspan="2">纸箱</td></tr>
<tr><td colspan="2">YD4610000005902</td><td colspan="2">针织衫</td><td colspan="2">1750</td><td>1850</td><td>9</td><td colspan="2">纸箱</td></tr>
<tr><td colspan="2">总数量</td><td>2650</td><td>件</td><td colspan="2">总重量</td><td>2850 kg</td><td>总体积</td><td>14</td><td>m^3</td></tr>
<tr><td>填表人</td><td colspan="4">彭鹏</td><td colspan="2">填表时间</td><td colspan="3">2017－9－15 11：00</td></tr>
</table>

三、巩固与提高

2017 年 3 月 20 日，百路通物流有限公司（以下简称“百路通”）客服人员刘柳收到编号为 KH002 的郑州华德永佳地毯有限公司（以下简称“华德地毯”）的发货通知如下：

<table>
<tr><td>托运单号</td><td>YD001</td><td>托运人编号</td><td>KH002</td></tr>
<tr><td>托运人</td><td colspan="3">郑州华德永佳地毯有限公司
联系人：李丽（经理）
联系电话：0371－6435××××
地址：河南省巩义市紫荆路北段1号
邮编：451200</td></tr>
<tr><td>包装方式：</td><td colspan="3">纸箱</td></tr>
<tr><td>货物详情</td><td colspan="3">（1）货物名称：羊毛簇绒地毯　数量：20箱　总重量：1000kg　总体积：5.6m^3
（2）货物名称：尼龙地毯　数量：10箱　总重量：500kg　总体积：2.8m^3
（3）货物名称：拼块地毯　数量：10箱　总重量：600kg　总体积：2.8m^3</td></tr>
<tr><td>收货人</td><td colspan="3">郑州华德永佳地毯有限公司（连云港办事处）
联系人：钱春
联系电话：0518－8586××××
地址：连云港市苍梧路23号
邮编：222006</td></tr>
<tr><td>托运要求</td><td colspan="3">（1）要求上门取货和送货，取货地联系信息与托运人联系信息相同，送货地联系信息与收货人联系信息相同
（2）要求3月25日之前送到目的地
（3）凭客户签字的运单作为回执</td></tr>
<tr><td>结算</td><td colspan="3">（1）结算方式：现结
（2）此批货物为轻泡货，运费计算公式为：立方米公里运价×运距×总体积
（3）不收取取货和送货费用，无其他杂费</td></tr>
<tr><td>投保</td><td colspan="3">不投保</td></tr>
</table>

刘柳根据华德地毯的发货信息编制作业通知单并下达指令给公司的运输部调度程润。

程润又收到要求在3月24日之前到货的三单作业指令，如下所示：

<table>
<tr><td>托运单号</td><td>YD002</td><td>托运人编号</td><td>KH003</td></tr>
<tr><td>托运人</td><td colspan="3">郑州华丰纸业有限公司
联系人：成军
联系电话：0371－5634××××
地址：河南省新密市开阳路12号
邮编：452370</td></tr>
<tr><td>包装方式：</td><td colspan="3">纸箱</td></tr>
<tr><td>货物详情</td><td colspan="3">货物名称：A4纸　数量：20箱　总重量：500kg　总体积：0.8m^3</td></tr>
</table>

续　表

收货人	郑州华丰纸业有限公司（徐州销售处） 联系人：王广 联系电话：1378974×××× 地址：徐州市泉山区建国西路13号 邮编：221000
托运要求	（1）要求上门取货和送货，取货地联系信息与托运人联系信息相同，送货地联系信息与收货人联系信息相同 （2）要求3月24日之前送到目的地 （3）凭客户签字的运单作为回执
结算	（1）结算方式：现结 （2）此批货物为轻泡货，运费计算公式为：立方米公里运价×运距×总体积 （3）不收取取货和送货费用，无其他杂费
投保	不投保

托运单号	YD003	托运人编号	KH004
托运人	郑州辉煌印务有限公司 联系人：张宇 联系电话：0371－5637×××× 地址：郑州市中原区大学北路43号 邮编：450000		
包装方式：	纸箱		
货物详情	货物名称：作业本　数量：50箱　总重量：1000kg　总体积：1.8m^3		
收货人	郑州辉煌印务有限公司（徐州销售处） 联系人：戴晨 联系电话：1564530×××× 地址：徐州市中山南路10号 邮编：221010		
托运要求	（1）要求上门取货和送货，取货地联系信息与托运人联系信息相同，送货地联系信息与收货人联系信息相同 （2）要求3月24日之前送到目的地 （3）凭客户签字的运单作为回执		
结算	（1）结算方式：现结 （2）此批货物为轻泡货，运费计算公式为：立方米公里运价×运距×总体积 （3）不收取取货和送货费用，无其他杂费		
投保	不投保		

<table>
<tr><td>托运单号</td><td>YD004</td><td>托运人编号：KH005</td></tr>
<tr><td>托运人</td><td colspan="2">郑州宏图广告印刷有限公司
联系人：蔡司
联系电话：0371－5635××××
地址：郑州市金水区农业路39号
邮编：450003</td></tr>
<tr><td>包装方式：</td><td colspan="2">纸箱</td></tr>
<tr><td>货物详情</td><td colspan="2">货物名称：手提袋　数量：50箱　总重量：300kg　总体积：3.2m^3</td></tr>
<tr><td>收货人</td><td colspan="2">郑州宏图广告印刷有限公司（连云港办事处）
联系人：君玉
联系电话：1735612××××
地址：连云港市新浦区市海连西路17号
邮编：222003</td></tr>
<tr><td>托运要求</td><td colspan="2">（1）要求上门取货和送货，取货地联系信息与托运人联系信息相同，送货地联系信息与收货人联系信息相同
（2）要求3月24日之前送到目的地
（3）凭客户签字的运单作为回执</td></tr>
<tr><td>结算</td><td colspan="2">（1）结算方式：现结
（2）此批货物为轻泡货，运费计算公式为：立方米公里运价×运距×总体积
（3）不收取取货和送货费用，无其他杂费</td></tr>
<tr><td>投保</td><td colspan="2">不投保</td></tr>
</table>

3月20日，程润根据收到的作业指令，编制YSDH001运输计划。

郑州至徐州运输距离为400公里，徐州至连云港运输距离为240公里。公司送货的车辆编号HB001，车牌豫A39027，车容20m^3，载重6t，司机张大宇，联系方式1325155××××。

3月21日，程润编制取货通知单QHTZD001，安排随车货运员蒋玉、司机王广云去取货，取货车辆载重8t，车容20m^3，车牌号为豫A5B4V1。预计8小时完成取货作业回到场站。

3月21日20：00货运员完成集货作业回到场站。

货物于2017年3月22日7：00装车，林南负责装车发货。9：00发车出郑州站，当日18：00到达徐州；23日8：00从徐州出发，预计23日12：00到达连云港。

制单要求：

根据公司现有的运力资源，请以调度程润的身份填制编号为QHTZD001的取货通知单。

四、自我评价

评价内容	自我评价		
	掌握	理解	模糊
取货通知单的作用			
取货通知单的流转程序			
根据案例正确填制取货通知单			

第四节　集货单

集货是将分散的小批量的物品集中起来，以便进行运输、配送的作业。公路货物运输集货作业，是为了满足客户的运输要求，根据货物流向、货物属性和运输时限，将小批量的货物进行集中处理，形成批量运输，从而实现大批量、高效率、低成本的运输操作。

一、集货单的认识

集货单主要根据发货通知信息和运输计划来填写，用于集齐每批将要发运的货物。集货单一般有三联，分别是调度联、场站联和统计联。集货单的流转如下所示：

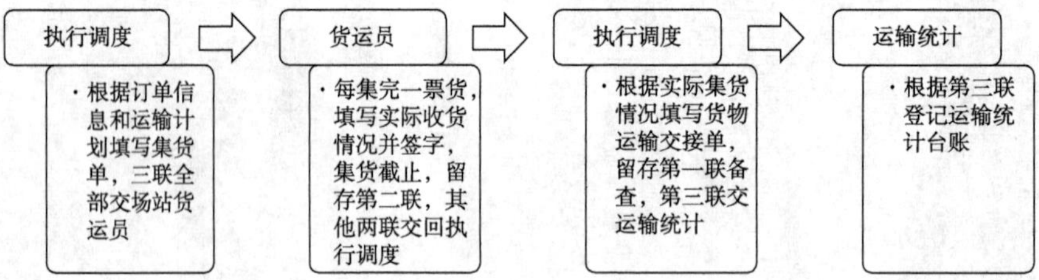

二、集货单的填制

1. 案例背景

2017 年 11 月 17 日 8：00，深圳 HL 物流有限公司深圳站客服李佳收到带有客户签章的两份订单传真，托运订单一的相关信息如下：

<table>
<tr><td>托运单号</td><td>YD4610000005915</td><td>托运人编号</td><td>PHKH3838</td></tr>
<tr><td>托运人</td><td colspan="3">深圳鸿源玩具有限公司
联系人：李玫（经理）
联系电话：0755－8419××××
地址：深圳市龙岗区布吉镇坂田第二街道办同富裕工业园1号
邮编：518116</td></tr>
<tr><td>包装方式</td><td colspan="3">纸箱</td></tr>
<tr><td>货物详情</td><td colspan="3">（1）货物名称：玩具车200A59　数量：100件　总重量：350kg　总体积：3.8m^3
（2）货物名称：玩具车200B73　数量：80件　总重量：240kg　总体积：1.8m^3
（3）货物名称：玩具车200C45　数量：120件　总重量：300kg　总体积：2.8m^3
（4）货物名称：玩具车200D90　数量：60件　总重量：252kg　总体积：5.6m^3
（5）货物名称：玩具车200E82　数量：80件　总重量：288kg　总体积：4.8m^3</td></tr>
<tr><td>收货人</td><td colspan="3">杭州嘉隆有限公司
联系人：张可可
联系电话：0571－4563××××
地址：浙江省杭州市富阳区新登镇金城路117号
邮编：311400</td></tr>
<tr><td>托运要求</td><td colspan="3">（1）要求上门取货和送货
（2）要求2017年11月19日13：00到达目的地</td></tr>
<tr><td>结算</td><td colspan="3">（1）结算方式：月结
（2）凭客户签字的运单作为回执单，予以结清运费</td></tr>
<tr><td>投保</td><td colspan="3">只对玩具车200A59投保，货值为240000元，保险费率为货值的0.06%</td></tr>
<tr><td>其他费用</td><td colspan="3">无</td></tr>
</table>

托运订单二的相关信息如下：

<table>
<tr><td>托运单号</td><td>YD4610000005916</td><td>托运人编号</td><td>PHKH3839</td></tr>
<tr><td>托运人</td><td colspan="3">深圳市普道电器有限公司
联系人：董寺
联系电话：0755－2994××××
地址：深圳市宝安区松岗街道罗田社区广田路51号宝之威科技园A栋4楼
邮编：518101</td></tr>
<tr><td>包装方式</td><td colspan="3">纸箱</td></tr>
<tr><td>货物详情</td><td colspan="3">货物名称：家电LT35480　数量：120件　总重量：3840kg　总体积：28m^3</td></tr>
</table>

续 表

收货人	深圳市普道电器有限公司杭州分公司 联系人：王觅 联系电话：0571－4375×××× 地址：浙江省杭州市富阳区金城路221号 邮编：311400
托运要求	（1）要求2017年11月19日13：00到达目的地 （2）要求上门取货和送货 （3）将该批货物每份24箱平均配送到5个销售点
结算	（1）结算方式：月结 （2）凭客户签字的运单作为回执单，予以结清运费
投保	货值为360000元，保险费率为货值的0.06%
其他费用	无

客服李佳在审核完这两个客户的业务申请后，将订单提交给调度彭鹏进行操作。

11月17日11：00，调度彭鹏根据班车信息、作业路线等情况编制单号为JH20110006692的集货单，该集货单包含托运单号为YD4610000005915和YD4610000005916的两张托运单的货物，并安排编号为BC026的班车执行该项任务，集货截止时间为2017年11月17日20：00，预计装车时间为2011年11月17日20：30。

深圳HL物流有限公司深杭线自有班车信息如下：

班车编号	BC026
车牌号	粤B0098×
司机	张佳琪
联系方式	1543673××××
发车时间	2017年11月17日23：00
到站时间	2017年11月19日13：00

11月17日15：00，货运员林浩到取货地收取托运单号YD4610000005915的货物，点验所托运货物，查验无包装及数量等异常后，填制运单号为YD4610000005915的公路货运单，并请托运人核对运单信息，在运单“托运人签字”一栏中签字确认。

11月17日17：00，货运员林浩到取货地收取托运单号YD4610000005916的货物，点验所托运货物，查验无包装及数量等异常后，填制运单号为 YD4610000005916 的公路货运单，并请托运人核对运单信息，在运单“托运人签字”一栏中签字确认。

11 月 17 日 19：00，货运员林浩回到公司，并告知调度彭鹏完成集货作业，无异常情况。

班车 BC026 于 2017 年 11 月 17 日 23：00 从深圳 HL 物流有限公司深圳站准时发车，并以预计时间 2017 年 11 月 19 日 13：00 到达深圳 HL 物流有限公司杭州站，由深圳 HL 物流有限公司杭州站装卸员刘广伦进行卸车作业。

制单要求：

请以调度彭鹏的身份填制编号为 JH20110006692 的集货单。

2. 制单说明

<table>
<tr><th colspan="11">集货单</th></tr>
<tr><td>单据号</td><td>(1)</td><td>始发站</td><td>(7)</td><td colspan="2">集货截止时间</td><td colspan="5">(3)</td></tr>
<tr><td>班车编号</td><td>(1)</td><td>到达站</td><td>(7)</td><td colspan="2">预计装车时间</td><td colspan="5"></td></tr>
<tr><td>车牌号</td><td>(1)</td><td>总数量（件）</td><td>(5)</td><td colspan="2">发车时间</td><td colspan="5">(4)</td></tr>
<tr><td>总重量（kg）</td><td>(5)</td><td>总体积（m^3）</td><td>(5)</td><td colspan="2">到站时间</td><td colspan="5">(4)</td></tr>
<tr><td>序号</td><td>运单号</td><td>发货人</td><td>发货地址</td><td>货物名称</td><td>包装材料</td><td>收货人</td><td>件数（件）</td><td>重量（kg）</td><td>体积（m^3）</td><td>备注</td></tr>
<tr><td>(11)</td><td>(2)</td><td>(6)</td><td>(6)</td><td></td><td></td><td>(6)</td><td></td><td></td><td></td><td></td></tr>
<tr><td></td><td></td><td></td><td></td><td></td><td></td><td></td><td></td><td></td><td></td><td></td></tr>
<tr><td>甩货说明</td><td colspan="10">(10)</td></tr>
</table>

填表人： (8) 填表时间： (9) 年 月 日

（1）单据号、班车编号、车牌号：分别填写集货单的单号、运输车辆的班车编号、车牌号。

（2）运单号：分别填写各运单的运单号码，如果同一张运单上有不同型号的多种货品，则分别列出各自对应的运单号。

（3）集货截止时间：请填写调度要求的集货完成时间。

（4）发车时间、到站时间：分别填写班车发车时间和到站时间。

（5）总数量、总重量、总体积：分别填写货物的总件数、总重量、总体积。

（6）发货人、发货地址、收货人：分别填写货物的托运人单位、托运人单位的地址、收货人单位。

（7）始发站、到达站：请填写城市名称，如广州。

（8）填表人：请填写初次填写单据的工作人员。

（9）填表时间：请填写制单人填单时间。

（10）甩货说明：无甩货情况的请留空。

（11）序号：请从数字 1 开始顺序填写。

3. 单证填制

以调度彭鹏的身份填制编号为 JH20110006692 的集货单，完成后的集货单如下所示：

<table>
<tr><th colspan="11">集货单</th></tr>
<tr><td>单据号</td><td>JH2011
0006692</td><td>始发站</td><td>深圳</td><td colspan="2">集货截止时间</td><td colspan="5">2017－11－17 20：00</td></tr>
<tr><td>班车编号</td><td>BC026</td><td>到达站</td><td>杭州</td><td colspan="2">预计装车时间</td><td colspan="5">2017－11－17 20：30</td></tr>
<tr><td>车牌号</td><td>粤 B0098×</td><td>总数量（件）</td><td>560</td><td colspan="2">发车时间</td><td colspan="5">2017－11－17 23：00</td></tr>
<tr><td>总重量（kg）</td><td>5270</td><td>总体积（m^3）</td><td>46.8</td><td colspan="2">到站时间</td><td colspan="5">2017－11－19 13：00</td></tr>
<tr><td>序号</td><td>运单号</td><td>发货人</td><td>发货地址</td><td>货物名称</td><td>包装材料</td><td>收货人</td><td>件数（件）</td><td>重量（kg）</td><td>体积（m^3）</td><td>备注</td></tr>
<tr><td>1</td><td>YD46100
00005916</td><td>深圳市普道电器有限公司</td><td>深圳市宝安区松岗街道罗田社区广田路 51 号宝之威科技园 A 栋 4 楼</td><td>家电 LT35480</td><td>纸箱</td><td>深圳市普道电器有限公司杭州分公司</td><td>120</td><td>3840</td><td>28</td><td></td></tr>
<tr><td>2</td><td>YD46100
00005915</td><td>深圳鸿源玩具有限公司</td><td>深圳市龙岗区布吉镇坂田第二街道办同富裕工业园 1 号</td><td>玩具车 200A59</td><td>纸箱</td><td>杭州嘉隆有限公司</td><td>100</td><td>350</td><td>3.8</td><td></td></tr>
<tr><td>3</td><td>YD46100
00005915</td><td>深圳鸿源玩具有限公司</td><td>深圳市龙岗区布吉镇坂田第二街道办同富裕工业园 1 号</td><td>玩具车 200B73</td><td>纸箱</td><td>杭州嘉隆有限公司</td><td>80</td><td>240</td><td>1.8</td><td></td></tr>
</table>

续 表

4	YD46100 00005915	深圳鸿源玩具有限公司	深圳市龙岗区布吉镇坂田第二街道办同富裕工业园1号	玩具车200C45	纸箱	杭州嘉隆有限公司	120	300	2.8
5	YD46100 00005915	深圳鸿源玩具有限公司	深圳市龙岗区布吉镇坂田第二街道办同富裕工业园1号	玩具车200D90	纸箱	杭州嘉隆有限公司	60	252	5.6
6	YD46100 00005915	深圳鸿源玩具有限公司	深圳市龙岗区布吉镇坂田第二街道办同富裕工业园1号	玩具车200E82	纸箱	杭州嘉隆有限公司	80	288	4.8
甩货说明									
填表人：	彭鹏	填表时间：	2017 年 11 月 17 日						

三、巩固与提高

2017 年 11 月 23 日上午，深圳市环宇物流公司收到托运单，具体内容如下：

托运单号	YD2011007028	客户编号	PHKH8459
托运人	广州市纯味进出口有限公司 联系人：张武 联系电话：020 - 6347 × × × × 地址：广州市大学城东四路长洲街深井丰收二街 68 号 邮编：510006		
包装方式	纸箱		
货物详情	货物名称：卡司诺三合一咖啡　数量：200 箱　总重量：800kg　总体积：$10m^3$		

续　表

收货人	广州市纯味进出口有限公司 联系人：徐明（经理） 联系电话：020－8749×××× 地址：广州市大学城东四路长洲街深井丰收二街68号 邮编：510006
托运要求	（1）要求上门取货和送货，取货地：深圳港蛇口码头总站，送货地联系信息与收货人联系信息相同 （2）要求2011年11月24日17：00之前送到目的地
结算	现结
投保	不投保

当天深圳市环宇物流公司还收到2份从深圳发往广州的运输计划，具体内容如下：

托运单号	YD2011007029	客户编号	PHKH1302
托运人	天派电子深圳公司 联系人：王丽丽 联系电话：0755－6150×××× 地址：深圳市宝安区福永镇新和村新兴工业园625号 邮编：518101		
包装方式	纸箱		
货物详情	货物名称：车载数字电视　数量：300箱　总重量：1750kg　总体积：15m³		
收货人	广州市九佛电器有限公司 联系人：张君 联系电话：020－8749×××× 地址：广州市白云区广华路137号 邮编：510080		
托运要求	（1）要求上门取货和送货，取货地联系信息与托运人联系信息相同，送货地联系信息与收货人联系信息相同 （2）要求2011年11月24日20：00之前送到目的地 （3）凭客户签字的运单作为回执		
结算	（1）结算方式：月结 （2）取货和送货费用为200元，无其他杂费		
投保	不投保		

<table>
<tr><td>托运单号</td><td>YD2011007030</td><td>客户编号</td><td>PHKH5637</td></tr>
<tr><td>托运人</td><td colspan="3">宏科电子深圳有限公司
联系人：陈挺（经理）
联系电话：0755－6137××××
地址：深圳市宝安区石岩料坑西门工业区D栋
邮编：518101</td></tr>
<tr><td>包装方式</td><td colspan="3">纸箱</td></tr>
<tr><td>货物详情</td><td colspan="3">货物名称：车载GPS　数量：500箱　总重量：750kg　总体积：7m³</td></tr>
<tr><td>收货人</td><td colspan="3">广州创天电子科技有限公司
联系人：李玉
联系电话：020－8750××××
地址：广州市经济技术开发区创业路3号同兴工业大厦A座4楼
邮编：510730</td></tr>
<tr><td>托运要求</td><td colspan="3">（1）要求上门取货和送货，取货地联系信息与托运人联系信息相同，送货地联系信息与收货人联系信息相同
（2）要求2011年11月25日17：00之前送到目的地
（3）凭客户签字的运单作为回执</td></tr>
<tr><td>结算</td><td colspan="3">（1）结算方式：现结
（2）不收取送货费和取货费</td></tr>
<tr><td>投保</td><td colspan="3">不投保</td></tr>
</table>

23日下午深圳市环宇物流公司调度部门安排信息员沈梅编制运单号为JH201102385的集货单，预计24日凌晨1：00完成集货，1：30开始装车，公司现有运力如下：

姓名	车牌号	联系方式	货厢尺寸（长×宽×高）（m^3）	车容（m^3）	核载（t）	车型	货厢类型	运作线路
李浩然	粤A7361×	1398867××××	4.2×1.8×1.9	12	3	普通	全厢	市内取货
周杰	粤B3755×	1594072××××	7.2×2.3×2.5	35	10	普通	全厢	市内取货
王磊	粤B9358×	1324768××××	4.2×1.8×1.9	15	7	普通	全厢	深圳—广州
徐龙	粤A4253×	1332744××××	7.2×2.3×2.5	35	10	普通	全厢	广州—深圳

选择合适的车辆于次日清晨5：00装车完毕后发车，预计到达广州时间为24日8：00，本次运输的排班编号为HY110279。

制单要求：

请以深圳市环宇物流公司信息员沈梅的身份填制集货单。

四、自我评价

评价内容	自我评价		
	掌握	理解	模糊
集货单的作用			
集货单的流转程序			
根据案例正确填制集货单			

第五节　货物运输险投保单

一、货物运输险投保单的认识

货物在运输中，可能会遇到各种各样的事故，遭受不同程度的损失。为了加强公路运输的安全防损工作，降低货物运输损失对物流运输企业的影响，物流企业需要做好运输投保工作，并填写相应的保险与理赔单据。

公路货物运输险投保单是物流公司办理运输保险手续所必须填写的单据，一旦货物在运输过程中发生货损，投保单是货物保险理赔的依据。

二、货物运输险投保单的填制

1. 案例背景

2017 年 11 月 6 日 10：00，深圳 HL 物流有限公司深圳站客服李佳收到编号为 SYT-KH015 合同客户深圳华宝宝有限公司一单发货通知如下：

托运单号	YD201010170004	托运人编号	SYTKH015
托运人	深圳华宝宝有限公司 联系人：李彩彩（经理） 联系电话：0755－6799×××× 地址：深圳市宝安区沙井街道步涌第三工业区上扬路 9 号 邮编：518101		
包装方式	纸箱		
货物详情	（1）货物名称：电子音乐玩具 100A45　数量：200 箱　单件重量：1.5kg 总体积：2.4m^3 （2）货物名称：电子音乐玩具 100B37　数量：150 箱　单件重量：1.8kg 总体积：1.3m^3 （3）货物名称：电子音乐玩具 100C64　数量：100 箱　单件重量：1kg 总体积：0.4m^3 （4）货物名称：电子音乐玩具 100D87　数量：100 箱　单件重量：1.8kg 总体积：1.8m^3		

续　表

货物详情	（5）货物名称：电子音乐玩具100E28　数量：100箱　单件重量：1.2kg 总体积：0.1m^3
收货人	深圳华宝宝有限公司（济南分公司） 联系人：张云娜 联系电话：0531－8642×××× 地址：济南市历下区解放路89号 邮编：250013
托运要求	（1）要求上门取货和送货，取货地联系信息与托运人联系信息相同，送货地联系信息与收货人联系信息相同 （2）要求2017年11月7日到货 （3）凭客户签字的运单作为回执
投保	只对电子音乐玩具100A45投保，货值为10000元，保险费率为货值的0.06%，所投保险公司为太平保险公司

本批货物投保由深圳站陆运保险员王东灿负责，联系方式1358789××××。运输车辆为9.6m敞车。

制单要求：

请以深圳HL物流有限公司客服李佳的身份制作编号为BXD101的货物运输险投保单。

2. 制单说明

国内货物运输险投保单

编号：

我处下列货物拟向你处投保国内货物运输保险：

<table>
<tr><td>被保险人</td><td colspan="8">（1）</td></tr>
<tr><td>标记或发票号码</td><td colspan="2">保险货物名称</td><td colspan="2">件数</td><td colspan="2">提单或通知单号次</td><td colspan="2">保险金额</td></tr>
<tr><td></td><td colspan="2">（2）</td><td colspan="2">（2）</td><td colspan="2"></td><td colspan="2">（2）</td></tr>
<tr><td></td><td colspan="2"></td><td colspan="2"></td><td colspan="2"></td><td colspan="2"></td></tr>
<tr><td>运输工具（及转载工具）</td><td>（3）</td><td colspan="3">约于　　年　　月　　日</td><td>起运</td><td>赔款偿付地点</td><td colspan="2">（4）</td></tr>
<tr><td>运输路线：</td><td>自</td><td>（5）</td><td>经</td><td></td><td>到</td><td></td><td>转载地点</td><td></td></tr>
<tr><td rowspan="2">要保险别：</td><td colspan="2">基本险</td><td colspan="2">附加险别</td><td colspan="2">基本险费率（‰）</td><td colspan="2">附加险费率（‰）</td></tr>
<tr><td colspan="2">（6）</td><td colspan="2"></td><td colspan="2">（6）</td><td colspan="2"></td></tr>
<tr><td colspan="2">投保单位（签章）</td><td colspan="7">（7）</td></tr>
<tr><td colspan="9">（8）　　年　　月　　日</td></tr>
</table>

（1）被保险人：填写被保险的公司全称，即货主名称。

（2）保险货物名称、件数、保险金额：根据客户订单信息和投保需求填写保险货物名称、件数和投保金额。

（3）运输工具（及转载工具）：根据车辆调度安排填写运输工具规格和起运时间。

（4）赔款偿付地点：填写到达站。

（5）运输路线：分别填写始发站、中转站和目的站，无中转的则转载地点填“无”。

（6）基本险、基本险费率：根据客户投保要求填写投保险别和对应保险费率。

（7）投保单位（签章）：承运方作为投保单位签章。

（8）时间：客服人员根据填单时间填写投保时间。

3. 单证填制

被保险货物遭受损失时，保险公司需按保险单上订明承保险别的条款规定承担赔偿责任，只有正确填写货物运输险投保单才能顺利完成投保工作，完成后的货物运输投保单如下所示：

国内货物运输险投保单

编号：BXD101

我处下列货物拟向你处投保国内货物运输保险：

<table>
<tr><td colspan="2">被保险人</td><td colspan="7">深圳华宝宝有限公司</td></tr>
<tr><td colspan="2">标记或发票号码</td><td colspan="2">保险货物名称</td><td colspan="2">件数</td><td colspan="2">提单或通知单号次</td><td>保险金额</td></tr>
<tr><td colspan="2"></td><td colspan="2">电子音乐玩具 100A45</td><td colspan="2">200</td><td colspan="2"></td><td>10000</td></tr>
<tr><td colspan="2"></td><td colspan="2"></td><td colspan="2"></td><td colspan="2"></td><td></td></tr>
<tr><td>运输工具
（及转载工具）</td><td>9.6m
敞车</td><td colspan="3">约于 2017 年 11 月 6 日</td><td>起运</td><td>赔款偿付
地点</td><td colspan="2">济南站</td></tr>
<tr><td>运输路线：</td><td>自</td><td>深圳</td><td>经</td><td></td><td>到</td><td>济南</td><td>转载地点</td><td>无</td></tr>
<tr><td rowspan="2">要保险别：</td><td colspan="2">基本险</td><td colspan="2">附加险别</td><td colspan="2">基本险费率（‰）</td><td colspan="2">附加险费率（‰）</td></tr>
<tr><td colspan="2">有</td><td colspan="2"></td><td colspan="2">0.6</td><td colspan="2"></td></tr>
<tr><td colspan="3">投保单位（签章）</td><td colspan="6">深圳 HL 物流有限公司</td></tr>
<tr><td colspan="9">2017 年 11 月 6 日</td></tr>
</table>

三、巩固与提高

2017年9月14日，深圳HL物流有限公司深圳站客服李佳收到编号为KHBH003的供应商神舟电子贸易公司采购部经理的发货通知，具体内容如下：

<table>
<tr><td>托运单号</td><td>YD20170091401</td><td>客户编号</td><td>KHBH003</td></tr>
<tr><td>托运人</td><td colspan="3">神舟电子贸易公司
联系人：张慧
联系电话：021－6347××××
地址：上海市虹口区江湾路55号
邮编：200081</td></tr>
<tr><td>包装方式</td><td colspan="3">纸箱</td></tr>
<tr><td>货物详情</td><td colspan="3">(1) 货物名称：主板 GA－Z68XP　数量：80箱　总重量：2720kg　总体积：7.68m³
(2) 货物名称：独立显卡 GV－N52128TE　数量：20箱　总重量：660kg　总体积：1.92m³</td></tr>
<tr><td>收货人</td><td colspan="3">深圳华茂有限公司（济南分公司）
联系人：张云娜
联系电话：0531－8642××××
地址：济南市历下区解放路84号
邮编：250013</td></tr>
<tr><td>托运要求</td><td colspan="3">(1) 要求上门取货和送货，取货地联系信息与托运人联系信息相同，送货地联系信息与收货人联系信息相同
(2) 要求2017年9月17日到货
(3) 凭客户签字的运单作为回执</td></tr>
<tr><td>结算</td><td colspan="3">(1) 结算方式：月结
(2) 此批货物为重物，运费计算方式为：吨公里运价×运距×总重量
(3) 取货和送货费用合计为120元，无其他杂费</td></tr>
<tr><td>投保</td><td colspan="3">此批货物中独立显卡需要投保，投保金额为10000元，保险费率为货值的0.1%，保险公司为平安保险公司</td></tr>
</table>

深圳站客服李佳负责货物投保事宜，并于9月15日编制编号为BXD1002的公路货物运输险投保单。

调度安排司机刘毅驾驶的车牌号为粤B695×的车辆执行运输任务，该部班车为

5.2m 厢式车。2017 年 9 月 15 日 22：00 班车从上海站发车，行驶路线为“上海—济南”。

制单要求：

请以深圳 HL 物流有限公司客服李佳的身份制作国内货物运输险投保单。

四、自我评价

评价内容	自我评价		
	掌握	理解	模糊
货物运输险投保单的作用			
根据案例正确填制货物运输险投保单			

第六节　残损记录表

一、残损记录表的认识

在货物运输过程中，一旦货物发生损失，接到客户要求赔偿的投诉后，物流运输企业需要及时、高效地受理投诉，对发生的事故进行调查，分析原因，填制相关的理赔单证，完成理赔赔付，并对投诉处理完毕的客户记录电话回访。残损记录表是投保货物理赔流程中所必须填写的单据，是物流公司对货损事故调查的记录，在单据中应说明货损责任人、货物残损状况和受损货物赔偿处理的方法等。

二、残损记录表的填制

1. 案例背景

2017年11月17日8：00，深圳HL物流有限公司深圳站客服李佳收到带有客户签章的订单传真，托运订单的相关信息如下：

托运单号	YD4610000005915	托运人编号	PHKH3838
托运人	深圳鸿源玩具有限公司 联系人：李玫（经理） 联系电话：0755－8419×××× 地址：深圳市龙岗区布吉镇坂田第二街道办同富裕工业园1号 邮编：518116		
包装方式	纸箱		
货物详情	（1）货物名称：玩具车200A59　数量：100件　总重量：350kg　总体积：3.8m^3 （2）货物名称：玩具车200B73　数量：80件　总重量：240kg　总体积：1.8m^3 （3）货物名称：玩具车200C45　数量：120件　总重量：300kg　总体积：2.8m^3 （4）货物名称：玩具车200D90　数量：60件　总重量：252kg　总体积：5.6m^3 （5）货物名称：玩具车200E82　数量：80件　总重量：288kg　总体积：4.8m^3		

续 表

收货人	杭州嘉隆有限公司 联系人：张可可 联系电话：0571－4563×××× 地址：浙江省杭州市富阳区新登镇金城路117号 邮编：311400
托运要求	（1）要求上门取货和送货 （2）要求2017年11月19日到达目的地
结算	（1）结算方式：月结 （2）凭客户签字的运单作为回执单，予以结清运费
投保	只对玩具车200A59投保，货值为240000元，保险费率为货值的0.06%
其他费用	无

客服李佳在审核完客户的业务申请后，将订单提交给调度彭鹏进行操作。

深圳HL物流有限公司深杭线自有班车信息如下：

班车编号	BC026
车牌号	粤B0098×
司机	张佳琪
联系方式	1543673××××
发车时间	2017年11月17日23：00
到站时间	2017年11月19日13：00

班车BC026于2017年11月17日23：00从深圳HL物流有限公司深圳站准时发车，并以预计时间2017年11月19日13：00到达深圳HL物流有限公司杭州站，由深圳HL物流有限公司杭州站装卸员刘广伦进行卸车作业。

2017年11月19日14：00，杭州嘉隆有限公司的收货人张可可在对货物进行验收时，发现有80件货物包装被挤压破损，并拍照取证，深圳HL物流有限公司杭州站配送员王亮通知公司领导到现场了解情况。

深圳HL物流有限公司杭州站主管贾正学赶到验收现场，与杭州嘉隆有限公司负责人沟通后，决定立即对该批货物进行施封检查鉴定。

鉴定结果如下：

残损货物运单号	YD4610000005915
残损货物名称	玩具车 200A59
实际残损件数	21 件
残损状况	货物损坏，不能正常销售
残损货物投保情况	已投保
责任人	刘广伦
操作环节	卸车作业
残损货物预估价值	16800 元
残损原因	装卸员刘广伦进行卸车作业时存在野蛮操作，致货物损坏

2017 年 11 月 19 日 17：00，贾正学将结果报告给深圳 HL 物流有限公司客服部李佳。李佳根据鉴定结果，做出对应解决措施后，报告并负责处理，同时填制编号为 CS20170004933 的残损记录表。解决措施为向杭州嘉隆有限公司赔偿实际损失，处理结果为报保险公司索赔。

制单要求：

请以客服部李佳的身份填制编号为 CS20170004933 的残损记录表。

2. 制单说明

残损记录表

<table>
<tr><td>编号</td><td colspan="6"></td><td colspan="2">填报人</td><td colspan="6">(4)</td></tr>
<tr><td>站点</td><td colspan="2">(1)</td><td colspan="2">运单号</td><td colspan="2">(2)</td><td colspan="2">车号</td><td colspan="2">(2)</td><td colspan="2">施封检查人</td><td colspan="2">(4)</td></tr>
<tr><td>路由</td><td colspan="2">(1)</td><td colspan="2">发现时间</td><td colspan="4">(2)</td><td colspan="2">残损件数</td><td colspan="4">(3)</td></tr>
<tr><td>操作环节</td><td colspan="2"></td><td colspan="2">预估价值</td><td colspan="4">(3)</td><td colspan="2">责任人</td><td colspan="4">(4)</td></tr>
<tr><td rowspan="2">货物残损状况</td><td colspan="14">(5)</td></tr>
<tr><td>报告部门</td><td colspan="2">(6)</td><td colspan="2">报告人</td><td colspan="2">(6)</td><td colspan="2">接收部门</td><td colspan="2">(6)</td><td colspan="2">接收人</td><td>(6)</td></tr>
<tr><td rowspan="2">解决措施</td><td colspan="14">(5)</td></tr>
<tr><td>实施部门</td><td colspan="4">(6)</td><td colspan="2">负责人</td><td colspan="4">(6)</td><td colspan="2">日期</td><td>(6)</td></tr>
<tr><td rowspan="2">处理结果</td><td colspan="14">(5)</td></tr>
<tr><td>报告人</td><td colspan="4">(6)</td><td colspan="2">负责人</td><td colspan="4">(6)</td><td colspan="2">日期</td><td>(6)</td></tr>
<tr><td>操作站</td><td>站负责人</td><td colspan="2"></td><td colspan="2">操作人</td><td colspan="2">(7)</td><td colspan="2">调度</td><td colspan="2">(7)</td><td colspan="2">承运司机</td><td>(7)</td></tr>
</table>

（1）站点、路由：站点填写收货站，路由则填写发货站到收货站。

（2）运单号、车号、发现时间：根据发生残损货物所在的运单号码、运载该批货物的车号、发现残损货物的具体时间分别填写。

（3）预估价值、残损件数：分析残损货物的预估价值，确定残损货物的件数，分别填写。

（4）填报人、施封检查人、责任人：根据残损情况的填报人、到站后的施封检查人、造成残损的责任人分别填写。

（5）货物残损状况、解决措施、处理结果：根据货物的具体残损情况、导致的结果，以及对残损货物处理的实际情况分别填写。

（6）报告部门、报告人、接收部门、接收人、实施部门、负责人、日期、报告人、负责人、日期：分别填写残损情况的报告部门、报告人、接收部门、接收人，残损货物赔偿事宜的实施部门、负责人、具体的赔偿事宜办理日期，以及处理结果的报告人、负责人和确认日期。

（7）操作人、调度、承运司机：分别填写集货和公路货运单填制操作人、操作站调度人员和该批货物的承运司机。

3. 单证填制

李佳根据鉴定结果，确定对事故理赔，同时填制相应的残损记录表如下：

残损记录表

<table>
<tr><td>编号</td><td colspan="3">CS20170004933</td><td>填报人</td><td colspan="4">李佳</td></tr>
<tr><td>站点</td><td>杭州站</td><td>运单号</td><td>YD461000
0005915</td><td>车号</td><td>粤 B0098 ×</td><td>施封检查人</td><td colspan="2">贾正学</td></tr>
<tr><td>路由</td><td>深圳—杭州</td><td>发现时间</td><td colspan="2">2017 – 11 – 19 14：00</td><td>残损件数</td><td colspan="3">21</td></tr>
<tr><td>操作环节</td><td>卸车作业</td><td>预估价值</td><td colspan="2">16800 元</td><td>责任人</td><td colspan="3">刘广伦</td></tr>
<tr><td rowspan="2">货物残损状况</td><td colspan="8">货物损坏，不能正常销售</td></tr>
<tr><td>报告部门</td><td>杭州站</td><td>报告人</td><td>贾正学</td><td>接收部门</td><td>深圳站</td><td>接收人</td><td>李佳</td></tr>
<tr><td rowspan="2">解决措施</td><td colspan="8">对杭州嘉隆有限公司赔偿实际损失</td></tr>
<tr><td>实施部门</td><td colspan="2">深圳站</td><td>负责人</td><td colspan="2">李佳</td><td>日期</td><td>2017 – 11 – 19</td></tr>
<tr><td rowspan="2">处理结果</td><td colspan="8">报保险公司索赔</td></tr>
<tr><td>报告人</td><td colspan="2">李佳</td><td>负责人</td><td colspan="2">李佳</td><td>日期</td><td>2017 – 11 – 19</td></tr>
<tr><td>操作站</td><td>站负责人</td><td></td><td>操作人</td><td>彭鹏</td><td>调度</td><td>彭鹏</td><td>承运司机</td><td>张佳琪</td></tr>
</table>

三、巩固与提高

2017 年 5 月 10 日 10：00，上海景泰达仓库中心业务部李明收到上海朗明商贸有限公司发来的运输计划，具体内容如下：

<table>
<tr><td>托运单号</td><td>YD4610000006081</td><td>客户编号</td><td>PHKH5022</td></tr>
<tr><td>托运人</td><td colspan="3">上海朗明商贸有限公司
联系人：李丽（经理）
联系电话：021－5226××××
地址：上海市黄浦区大田路 106 号
邮编：200001</td></tr>
<tr><td>箱装方式</td><td colspan="3">纸箱</td></tr>
<tr><td>货物详情</td><td colspan="3">货物名称：高尔夫球帽　数量：80 箱　重量：26kg/箱　体积：$20 \times 40 \times 48cm^3$/箱
具体包括：高尔夫球帽（男款）　S　20 箱　M　40 箱　L　20 箱
此批货物为轻泡货，运费计算公式为：立方米公里运价×运距×总体积
货物存放地址：上海景泰达仓库中心 2 号库</td></tr>
<tr><td>收货人</td><td colspan="3">天津迪卡侬运动超市南开店
联系人：陆佳（经理）
联系电话：022－6435××××
地址：天津市南开区南关路 12 号
邮编：300110</td></tr>
<tr><td>托运要求</td><td colspan="3">（1）要求仓库根据托运订单中的货物进行拣货、装箱及运输作业，目的地送货地址及联系信息与收货人信息相同
（2）要求 2011 年 5 月 12 日 17：00 之前送到目的地
（3）凭客户签字的运单作为回执
（4）运费月结</td></tr>
<tr><td>投保</td><td colspan="3">不投保</td></tr>
</table>

另一张订单如下：

<table>
<tr><td>托运单号</td><td>YD4610000006082</td><td>客户编号</td><td>PHKH5023</td></tr>
<tr><td>托运人</td><td colspan="3">上海朗明商贸有限公司
联系人：李丽（经理）
联系电话：021－5226××××
地址：上海市黄浦区大田路 106 号
邮编：200001</td></tr>
</table>

续　表

箱装方式	纸箱
货物详情	货物名称：高尔夫球帽　数量：80 箱　重量：26kg/箱　体积：$20 \times 40 \times 48cm^3$/箱 具体包括：高尔夫球帽（男款）　M　20 箱　XL　20 箱 高尔夫球帽（女款）　M　20 箱　XL　20 箱 此批货物为轻泡货，运费计算公式为：立方米公里运价×运距×总体积 货物存放地址：上海景泰达仓库中心 2 号库
收货人	天津天语体育用品商店 联系人：蔡文谦（经理） 联系电话：022－6435×××× 地址：天津市西青区侯台路 112 号 邮编：300380
托运要求	（1）要求仓库根据托运订单中的货物进行拣货、装箱及运输作业 （2）客户自提 （3）要求 2011 年 5 月 13 日 5：00 之前送到目的地 （4）凭客户签字的运单作为回执 （5）运费月结
投保	货值是 24880 元，保险费率为货值的 0.45%，所投保险公司为中华保险公司

5 月 10 日 19：00，调度顾怡正选择段其成（联系电话：1376072××××）驾驶的车牌号为沪 G6076×的车辆（核载：6t，车容：$8m^3$）执行该运输任务。

按照干线运输计划，预计于 2017 年 5 月 10 日 20：00 发车出上海站，2017 年 5 月 11 日 12：00 到达天津站。

2017 年 5 月 11 日 12：30，天津天语体育用品商店的收货人蔡文谦提货，在对货物进行验收时，发现有 1 箱货物外包装破损，内装的高尔夫球帽（女款）M 货品丢失 5 打。天津站主管陈辰赶到验收现场，与天津天语体育用品商店负责人沟通后，决定立即对该批货物进行施封检查。

鉴定结果如下：

残损货物运单号	YD4610000006082
残损货物名称	高尔夫球帽（女款）M
实际残损件数	1 箱
残损状况	外包装破损，高尔夫球帽（女款）M 货品丢失 5 打

续 表

残损货物投保情况	已投保
责任人	刘亦心
残损货物预估价值	800 元
操作环节	保管作业
残损原因	保管员刘亦心进行站点保管作业时存在疏忽，致货物丢失

2017 年 5 月 11 日 17：00，陈辰将结果报告给上海景泰达货运代理有限公司上海站客服部党弋翔。党弋翔根据鉴定结果，给出相应的解决措施，同时填制编号为 CS20110004944 的残损记录表。解决措施为对天津天语体育用品商店赔偿实际损失，处理结果报保险公司索赔。

制单要求：

请以上海景泰达货运代理有限公司上海站党弋翔的身份填制残损记录表。

四、自我评价

评价内容	自我评价		
	掌握	理解	模糊
残损记录表的作用			
根据案例正确填制残损记录表			

第七节　公路运输货物交接单

一、公路运输货物交接单的认识

货物的交接是公路运输流程的最后一个环节，在此过程中，为了确保货物最终得以及时、安全地送达交货地点，承托双方应严格遵守以下货物交接手续。

（1）承托双方对包装货物要“件交件收”；对散装货物原则上要“磅交磅收”；对“门到门”重箱、集装箱及其他施封的货物要凭铅封交接。

（2）托运人应凭约定的装卸手续发货：装货时，双方当事人应在场核对货物品名、规格、数量是否与运单相符，并查看包装是否符合规定标准或要求，承运人确认无误后，应在托运人发货单上签字；发现不符合规定或危及安全运输的，不得起运；由于包装轻度破损，短时间修复换调有困难，托运人坚持装车起运的，经双方同意，并做好记录和签名盖章后，方可装运，其后果由托运人负责。

（3）货物运达指定地点后，收货人和承运人应在场交接：收货人查验无误后应在承运人所持的运费结算凭证上签字；如发现货损、货差，双方交接人员做好记录并签字确认，经双方共同查明情况、分清责任的，由收货人在运费凭证上批注清楚；收货人不得因货损、货差拒绝收货。

（4）货物交接时，承托双方对货物重量和内容如有疑义，均可提出查验和复磅，如有不符，按有关规定处理；查验、复磅所发生的费用，由责任方负担。

（5）对发出领货通知次日起超过 30 天无人领取的货物，承运人应按以下规定处理：

①建立台账，及时登记，妥善保管，在保管期间不得动用，并认真查找物主。

②经多方查询，超过一个月仍无人领取的货物，按国家经济委员会《关于港口、车站无法交付货物的处理办法》办理；但鲜活和不易保管的货物，经企业主管部门批准后可不受时间限制。

二、公路运输货物交接单的填制

1. 案例背景

2017年11月6日10：00，深圳HL物流有限公司烟台站客服部客服李倩收到烟台华宝宝有限公司的一单发货通知。

运单号	YD201710170004
托运人	烟台华宝宝有限公司（地址：烟台市荆山路10号）
包装方式	纸箱
货物详情	（1）货物名称：电子音乐玩具100A45　数量：200箱　单件重量：1.5kg　总体积：2.4m³ （2）货物名称：电子音乐玩具100B37　数量：150箱　单件重量：1.8kg　总体积：1.3m³ （3）货物名称：电子音乐玩具100C64　数量：100箱　单件重量：1kg　总体积：0.4m³ （4）货物名称：电子音乐玩具100D87　数量：100箱　单件重量：1.8kg　总体积：1.8m³ （5）货物名称：电子音乐玩具100E28　数量：100箱　单件重量：1.2kg　总体积：0.1 m³
收货人	烟台华宝宝有限公司（济南分公司）
托运要求	2017年11月7日到货
结算	结算方式：月结

除了客服李倩发来的指令，调度彭宇还收到其他客服发来的三单作业指令：

运单号	YD201710170001
托运人	烟台瑞华有限公司（地址：烟台市朝阳街70号10层）
包装方式	纸箱（20本/箱）
货物详情	货物名称：宣传产品　数量：40箱　单件重量：1.5kg　总体积：0.5 m³
收货人	烟台瑞华有限公司（济南办事处）
托运要求	2017年11月7日到货
结算	结算方式：月结

运单号	YD201710170002
托运人	烟台贵龙模具有限公司（地址：烟台市莱阳市清水南路40号）
包装方式	纸箱（20本/箱）
货物详情	货物名称：模具HK3227　数量：150箱　单件重量：6kg　总体积：25m^3
收货人	烟台贵龙模具有限公司（济南分公司）
托运要求	2017年11月7日到货
结算	结算方式：月结

运单号	YD201710170003
托运人	烟台齐泰科技有限公司（地址：烟台市莱阳市清水南路40号）
包装方式	纸箱（4个/箱）
货物详情	货物名称：电脑配件　数量：120箱　单件重量：12kg　总体积：1.3m^3
收货人	烟台贵龙模具有限公司（济南分公司）
托运要求	2017年11月7日到货
结算	结算方式：月结

深圳HL物流有限公司自有班车信息：班车编号BC0001，车牌号鲁FTK12×，车容38m^3，载重10t。随车司机是张运，联系方式1391005××××。

调度彭宇根据运输计划编制单据号为JHD0001的集货单，并发指令给场站调度康金，要求当日20：00前须集货到场站。

场站调度康金安排场站货运员杜宇接收货运员张喜取回的货物，货运员杜宇实际集货情况与运输计划相符。场站调度康金根据实际集货情况制作编号为YSJJD001的公路运输货物交接单。

预计2017年11月6日23：00班车发车出烟台站，2017年11月7日16：00到达济南站。

制单要求：

请以深圳HL物流有限公司场站调度康金身份根据实际集货情况制作公路运输货物交接单。

2. 制单说明

公路运输货物交接单

编号：(1)

<table>
<tr><td>始发站</td><td>(2)</td><td>车牌号</td><td>(3)</td><td>核载（t）</td><td colspan="2">(3)</td><td>发车时间</td><td colspan="2">(4)</td></tr>
<tr><td>目的站</td><td>(2)</td><td>车辆性质</td><td>(3)</td><td>车容(m^3)</td><td colspan="2">(3)</td><td>预达时间</td><td colspan="2">(4)</td></tr>
<tr><td>序号</td><td>运单号</td><td>客户名称</td><td>包装</td><td>货物名称</td><td>件数（件）</td><td colspan="2">体积（m^3）</td><td>重量（kg）</td><td>备注</td></tr>
<tr><td></td><td></td><td></td><td></td><td></td><td></td><td colspan="2"></td><td></td><td></td></tr>
<tr><td></td><td>(5)</td><td>(5)</td><td>(5)</td><td>(5)</td><td>(5)</td><td colspan="2">(5)</td><td>(5)</td><td></td></tr>
<tr><td></td><td></td><td></td><td></td><td></td><td></td><td colspan="2"></td><td></td><td></td></tr>
<tr><td></td><td></td><td></td><td></td><td></td><td></td><td colspan="2"></td><td></td><td></td></tr>
<tr><td colspan="5">合计</td><td></td><td colspan="2"></td><td></td><td></td></tr>
<tr><td>发站记事</td><td colspan="2">施封：封锁　　枚；封号：</td><td>随车设备</td><td></td><td rowspan="2">发站调度</td><td colspan="2" rowspan="2">发货人</td><td rowspan="2">司机</td><td rowspan="2">到站调度</td></tr>
<tr><td rowspan="2">到站记事</td><td colspan="2">施封：封锁　　枚；封号　　无</td><td>到达时间</td><td></td></tr>
<tr><td>收货及货损描述</td><td colspan="3"></td><td>(6)</td><td colspan="2"></td><td></td><td></td></tr>
</table>

制单人：　　(6)　　　　制单时间：　　(6)

(1) 编号：调度员填写公路运输货物交接单编号。

(2) 始发站、目的站：调度员填写始发站、目的站的城市名称。

(3) 车牌号、核载、车容、车辆性质：根据调度要求填写车牌号、核载、车容，车辆性质为分供方。

(4) 发车时间、预达时间：调度根据实际货物装车出发时间、预计货物到达目的站的时间填写。

(5) 运单号、客户名称、包装、货物名称、件数、体积、重量：调度员根据发货通知信息和集货情况分别填写各货物运单的信息。

(6) 制单人、发站调度、制单时间：调度员审核完毕后，在“制单人”和“发站调度员”栏签字，并填写制单时间。

3. 单证填制

以深圳 HL 物流有限公司场站调度康金身份根据实际集货情况制作公路运输货物交接单，完成后的公路运输货物交接单如下所示：

公路运输货物交接单

编号：YSJJD001

<table>
<tr><td>始发站</td><td>烟台</td><td>车牌号</td><td>鲁 FTK 12×</td><td>核载（t）</td><td>10</td><td colspan="2">发车时间</td><td colspan="2">2017 年 11 月 6 日 23:00</td></tr>
<tr><td>目的站</td><td>济南</td><td>车辆性质</td><td>自有</td><td>车容（m^3）</td><td>38</td><td colspan="2">预达时间</td><td colspan="2">2017 年 11 月 7 日 14:00</td></tr>
<tr><td>序号</td><td>运单号</td><td>客户名称</td><td>包装</td><td colspan="2">货物名称</td><td>件数（件）</td><td>体积（m^3）</td><td>重量（kg）</td><td>备注</td></tr>
<tr><td>1</td><td>YD201710170001</td><td>烟台瑞华有限公司</td><td>纸箱</td><td colspan="2">宣传产品</td><td>40</td><td>0.5</td><td>60</td><td>无</td></tr>
<tr><td>2</td><td>YD201710170002</td><td>烟台贵龙模具有限公司</td><td>纸箱</td><td colspan="2">模具 HK3227</td><td>150</td><td>25</td><td>900</td><td>无</td></tr>
<tr><td>3</td><td>YD201710170003</td><td>烟台齐泰科技有限公司</td><td>纸箱</td><td colspan="2">电脑配件</td><td>120</td><td>1.3</td><td>1440</td><td>无</td></tr>
<tr><td>4</td><td>YD201710170004</td><td>烟台华宝宝有限公司</td><td>纸箱</td><td colspan="2">电子音乐玩具 100A45</td><td>200</td><td>2.4</td><td>300</td><td>无</td></tr>
<tr><td>5</td><td>YD201710170004</td><td>烟台华宝宝有限公司</td><td>纸箱</td><td colspan="2">电子音乐玩具 100B37</td><td>150</td><td>1.3</td><td>270</td><td>无</td></tr>
<tr><td>6</td><td>YD201710170004</td><td>烟台华宝宝有限公司</td><td>纸箱</td><td colspan="2">电子音乐玩具 100C64</td><td>100</td><td>0.4</td><td>100</td><td>无</td></tr>
<tr><td>7</td><td>YD201710170004</td><td>烟台华宝宝有限公司</td><td>纸箱</td><td colspan="2">电子音乐玩具 100D87</td><td>100</td><td>1.8</td><td>180</td><td>无</td></tr>
<tr><td>8</td><td>YD201710170004</td><td>烟台华宝宝有限公司</td><td>纸箱</td><td colspan="2">电子音乐玩具 100E28</td><td>100</td><td>0.1</td><td>120</td><td>无</td></tr>
<tr><td colspan="6">合计</td><td>960</td><td>32.8</td><td>3950</td><td></td></tr>
<tr><td>发站记事</td><td colspan="2">施封：封锁 枚；封号：</td><td>随车设备</td><td></td><td rowspan="2">发站调度</td><td rowspan="2">发货人</td><td rowspan="2">司机</td><td rowspan="2" colspan="2">到站调度</td></tr>
<tr><td rowspan="2">到站记事</td><td colspan="2">施封：封锁 枚；封号：</td><td>到达时间</td><td></td></tr>
<tr><td>收货及货损描述</td><td colspan="3"></td><td>康金</td><td>杜宇</td><td>张运</td><td colspan="2">无</td></tr>
</table>

制单人：康金　　　　制单时间：2017 年 11 月 6 日

三、巩固与提高

2017 年 9 月 14 日，上海现代物流中心客服李志收到客户编号为 KHBH003 的供应商上海神舟电子贸易有限公司采购部经理陈力的发货通知，具体内容如下所示：

<table>
<tr><td>运单号</td><td>YD20170091501</td><td>客户编号</td><td>KHBH003</td></tr>
<tr><td>托运人</td><td colspan="3">上海神舟电子贸易有限公司
联系人：张慧
联系电话：021－6347××××
地址：上海市虹口区江湾路55号
邮编：200080</td></tr>
<tr><td>包装方式</td><td colspan="3">纸箱</td></tr>
<tr><td>货物详情</td><td colspan="3">（1）货物名称：主板　数量：80箱　总重量：2720kg　总体积：7.68m^3
（2）货物名称：独立显卡　数量：20箱　总重量：660kg　总体积：1.92m^3</td></tr>
<tr><td>收货人</td><td colspan="3">北京华胜公司
联系人：周明明
联系电话：010－5190××××
地址：北京市朝阳区工体北路100号
邮编：100027</td></tr>
<tr><td>托运要求</td><td colspan="3">（1）要求上门取货和送货，取货地联系信息与托运人联系信息相同，送货地联系信息与收货人联系信息相同
（2）要求2017年9月17日18：00之前送到目的地</td></tr>
<tr><td>结算</td><td colspan="3">结算方式：月结</td></tr>
</table>

当天，上海现代物流中心还收到两份发货通知，具体内容如下：

<table>
<tr><td>运单号</td><td>YD20170091502</td><td>客户编号</td><td>KHBH105</td></tr>
<tr><td>托运人</td><td colspan="3">上海宝翔电器有限公司
联系人：赵强
联系电话：021－6299××××
地址：上海市虹口区汶水路38号
邮编：200080</td></tr>
<tr><td>包装方式</td><td colspan="3">纸箱</td></tr>
<tr><td>货物详情</td><td colspan="3">货物名称：SONY（索尼）录像机　数量：80箱　单位重量：22kg
总体积：0.08 m^3</td></tr>
<tr><td>收货人</td><td colspan="3">上海宝翔电器有限公司天津办事处
联系人：黄茵
联系电话：022－2739××××
地址：天津市西青区大明路1200号
邮编：300380</td></tr>
</table>

续　表

托运要求	（1）要求上门取货和送货，取货地联系信息与托运人联系信息相同，送货地联系信息与收货人联系信息相同 （2）要求2017年9月17日18：00之前送到目的地
结算	结算方式：月结

运单号	YD20170091503	客户编号	KHBH004
托运人	上海富强电器厂 联系人：郝伟 联系电话：021－6435×××× 地址：上海市虹口区江湾路1001号 邮编：200080		
包装方式	纸箱		
货物详情	货物名称：夏普液晶电视机　数量：60箱　总重量：900kg　总体积：5.4 m^3		
收货人	苏宁电器白云店 地址：广东省广州市白云路133号 联系人：管丽华 联系电话：020－7123×××× 邮编：510199		
托运要求	客户自提自送		
结算	结算方式：现结		

上海现代物流中心客服李志审核完三个客户的业务申请后，将订单提交给调度赵阳进行操作。

接到这三份发货通知，调度员赵阳根据作业情况和公司现有运力情况，编制单号为YSJH201704991的运输计划，并安排司机刘毅驾驶的车牌号为沪A9059×的车辆执行运输任务。

调度员赵阳安排取货货运员杨宝到取货地收取货物，并编制了货物的取货通知单，单号为QHTZ20170433。

9月15日14：00，取货货运员杨宝到达运单YD20170091501所填的取货地点，根据取货单据点验客户所托货物，检查托运货物品名、规格、数量等是否与取货单据相符，货运员杨宝在查验、点收货物时发现托运货物主板缺少10箱，经与客户沟通后，按实际数量托运，托运货物主板实际数量为70箱，总重量2380kg，总体积6.72m^3，其他信息不变。

9 月 15 日 16：00，取货货运员杨宝到达运单 YD20170091502 所填的取货地点，点收托运货物无误。

9 月 15 日下午 18：00，取货货运员杨宝和取货司机带着货物返回场站，场站货运员杨静根据集货单完成集货作业，并将集货情况反馈给调度员赵阳。赵阳根据实际集货情况编制编号为 YSJJD20170915032 的公路运输货物交接单发送给天津站调度员。

预计 2017 年 9 月 15 日 22：00，班车从上海站发车，2017 年 9 月 16 日 12：00 到达天津站，预计 14：00 从天津出发，同日 17：00 到达北京站。

制单要求：

请以上海现代物流中心调度员赵阳的身份制作公路运输货物交接单。

四、自我评价

评价内容	自我评价		
	掌握	理解	模糊
公路运输货物交接单的作用			
根据案例正确填制公路运输货物交接单			

第八节　铁路货物运单与货票

铁路运输是利用铁路设施、设备运送旅客和货物的一种运输方式，具有不受气候条件影响、运量较大、运费成本较低的特点。

一、铁路货物运单与货票的认识

1. 铁路货物运单

铁路货物运单是托运人与承运人之间，为运输货物而签订的一种运输合同。它是由铁路运输承运人签发的货运单据，是收、发货人同铁路运输承运人之间的运输契约。

铁路货物运单由两部分组成，左边是货物运单，右边为领货凭证。铁路货物运单中左侧“托运人填写”部分和领货凭证各栏由托运人填写，其余各栏由承运人填写。

铁路货物运单的流转过程：托运人—发站—到站—收货人。

领货凭证：托运人—发站—托运人—收货人—到站。

2. 铁路货票

铁路货票是铁路运营的主要票据之一，是铁路部门运输统计、财务管理、货流货物分析的原始信息，也是运输高度指挥作业不可缺少的基础依据。在车站，货票具有货物运输合同运单副本的性质，是处理货运事故并向收货人支付运到逾期违约金和补退运杂费的依据；在运输过程中，货票又是货物运输凭证，它跟随货物一直到达目的站。

铁路货票从货物运载形式上分为整体、零担、集装箱三种。

铁路货票票面所记载的内容基本上包括了关于货物的运输、流向、货物名称、数量、包装、重量、计费等信息。根据运单填制的货票，是印有固定号码的四联复写式票据。

铁路货票一式四联，甲联留发站存查，作为货运统计和货运管理的依据；乙联为报告联，上报检查部门供审核、计账用，并由审核部门定期将票据送铁路局统计部门，完成运输统计相关工作以后，再返回收入部门保存；丙联为承运证，发站收清运输费用后交托运人报销用；丁联为运输凭证，随同运单和货物递至到站，由到站存查。

二、铁路货物运单与铁路货票的填制

1. 案例背景

深圳 HL 物流有限公司（广州）承接了一起瓷器运输：江西景德镇米通陶瓷厂现有 50t 瓷器要运往广东佛山瓷器市场。深圳 HL 物流有限公司（广州）采用铁路整车运输方式将货物由景德镇火车货运站送至广州东站货场（运价里程为 1300 公里），再采用公路运输方式运至佛山。结算方式为货到付款。根据合同要求，2017 年 1 月 9 日前该批货物须被运到目的地火车货运站。江西景德镇米通陶瓷厂按指定日期 1 月 3 日将货物运至景德镇火车货运站，1 月 4 日 22：50 火车发车，到达广州东站货场的时间是次日 13：50。1 月 6 日 8：00 深圳 HL 物流有限公司（广州）在广州东站货场接货。铁路部门运输号码是 YS001，运输车号是 HJ001。货物详情：陶瓷花瓶和瓷碟各 10000 件，包装方式均为木箱，其中陶瓷花瓶毛重 20000kg，瓷碟毛重 10000kg。

江西景德镇米通陶瓷厂的地址：江西省景德镇市米通陶瓷工业园 1 号。法人代表：王蔚翔。联系人：刘丽，联系电话：0798 - 866 × × × ×。邮编：333000。

广东佛山瓷器市场的地址：广东省佛山市禅城区。联系电话：0757 - 8226 × × × ×。联系人：魏翔。邮编：528000。

深圳 HL 物流有限公司（广州）的联系人：刘华。手机：1307301 × × × ×。电话：020 - 6113 × × × ×。地址：广州市白云区沙太北路泰邦物流园。

广州东站货场的地址：广东省广州市天河区永福路 34 号。联系人：成军。电话：020 - 8779 × × × ×。邮编：510095。

制单要求：

请根据以上信息填写铁路货物运单、铁路货票。

2. 制单说明

铁路货物运单填制说明如下：

铁路货物运单

<table>
<tr><td>承运人/托运人装车</td></tr>
<tr><td>承运人/托运人施封</td></tr>
</table>

货物指定于　月　日　搬入　（9）

货　　位：

计划号码或运输号码：

运到期限：　　　日　　　托运人发站→到站→收货人

<table>
<tr><td colspan="5">托运人填写</td><td colspan="5">承运人填写</td></tr>
<tr><td>发站</td><td>（1）</td><td colspan="2">到站（局）</td><td>（1）</td><td>车种车号</td><td>（12）</td><td colspan="2">货车标重</td><td>（12）</td></tr>
<tr><td colspan="3">到站所属省（市）自治区</td><td colspan="2"></td><td>施封号码</td><td colspan="4">（14）</td></tr>
<tr><td rowspan="2">托运人</td><td>名称</td><td colspan="3">（2）</td><td>经由</td><td colspan="2">铁路货车棚车号码</td><td colspan="2">（13）</td></tr>
<tr><td>地址</td><td>（3）</td><td>电话</td><td>（4）</td><td>（15）</td><td colspan="4"></td></tr>
<tr><td rowspan="2">收货人</td><td>名称</td><td colspan="3">（2）</td><td>运价里程</td><td colspan="2">集装箱号码</td><td colspan="2"></td></tr>
<tr><td>地址</td><td>（3）</td><td>电话</td><td>（4）</td><td>（16）</td><td colspan="4"></td></tr>
<tr><td>货物名称</td><td>件数</td><td>包装</td><td>货物价格</td><td>托运人确定重量（kg）</td><td>承运人确定重量（kg）</td><td>计费重量</td><td>运价号</td><td>运价率</td><td>运费</td></tr>
<tr><td></td><td>（5）</td><td>（6）</td><td>（7）</td><td>（8）</td><td>（17）</td><td></td><td>（18）</td><td>（19）</td><td>（20）</td></tr>
<tr><td></td><td></td><td></td><td></td><td></td><td></td><td></td><td></td><td></td><td></td></tr>
<tr><td></td><td></td><td></td><td></td><td></td><td></td><td></td><td></td><td></td><td></td></tr>
<tr><td>合计</td><td></td><td></td><td></td><td></td><td></td><td></td><td></td><td></td><td></td></tr>
<tr><td>托运人记载事项</td><td colspan="4"></td><td colspan="2">承运人记载事项</td><td colspan="3"></td></tr>
<tr><td colspan="3">注：本单不作为收款凭证，托运人签约须知见背面</td><td colspan="2">托运人（签章）</td><td colspan="3">到站交付日期戳</td><td colspan="2">发站承运日期戳</td></tr>
</table>

领货凭证

<table>
<tr><td>车种车号</td><td>（12）</td><td></td></tr>
<tr><td>货票第</td><td>（11）</td><td>号</td></tr>
<tr><td>运到期限</td><td>（10）</td><td>日</td></tr>
<tr><td>发站</td><td colspan="2"></td></tr>
<tr><td>到站</td><td colspan="2"></td></tr>
<tr><td>托运人</td><td colspan="2"></td></tr>
<tr><td>收货人</td><td colspan="2"></td></tr>
<tr><td>货物名称</td><td>件数</td><td>重量</td></tr>
<tr><td></td><td></td><td></td></tr>
<tr><td></td><td></td><td></td></tr>
<tr><td></td><td></td><td></td></tr>
<tr><td></td><td></td><td></td></tr>
<tr><td></td><td></td><td></td></tr>
<tr><td>托运人盖章或签字</td><td colspan="2"></td></tr>
<tr><td>发站承运日期戳</td><td colspan="2"></td></tr>
<tr><td colspan="3">注：收货人领货须知见背面</td></tr>
</table>

（1）发站、到站（局）：分别按铁路货物运价里程表规定的站名完整填写，不得填写简称。

（2）托运人名称、收货人名称：填写发货单位和收货单位的完整名称，如果发货人或收货人为个人，则应填写发货人或收货人姓名。

（3）托运人地址、收货人地址：详细填写发货人和收货人所在省、市、自治区城镇街道和门牌号码或乡、村名称。

（4）托运人电话、收货人电话：正确填写发货单位和收货单位的电话号码，确保发生意外事情时能够及时联系到收、发货人。

（5）件数：按货物名称及包装种类，分别记明件数。

（6）包装：填写包装种类，如木箱、纸箱等。按件承运的货物无包装时，填写“无”，使用集装箱运输或只按重量承运的货物，本栏可以省略不填。

（7）货物价格：按照货物的实际价格计算，并填写货物价格的单位。

（8）托运人确定重量：按照货物的实际重量计算。

（9）货物指定于××月××日搬入：填写指定搬入日期，“搬入××”栏填写发站的完整名称。

（10）运到期限××日：填写按规定计算的货物运到期限日数。

（11）货票第××号：根据该批货物所填发的货票号码填写。

（12）车种车号、货车标重：按整车办理的货物必须填写。

（13）铁路货车棚车号码：填写该批货物所苫盖的铁路货车棚车号码。

（14）施封号码：填写施封环或封饼具体号码。若封饼不带施封号码时，则填写封饼个数。

（15）经由：当货物运价里程按最短路径计算时，本栏可不填。

（16）运价里程：填写发站至到站间最短路径的里程，但绕路运输时，应填写绕路经由的里程。

（17）承运人确定重量：货物重量由承运人确定的，应将检斤后的货物重量按货物名称及包装种类分别用千克填记。

（18）运价号：按货物运价分类表规定的各项货物运价号填写。

（19）运价率：按该批货物确定的运价号和运价里程，从货物运价率表中找出该批货物适用的运价率计算填写。

（20）运费：按应收运费数填写。

铁路货票填制说明如下：

货　　票

计划号码或运输号码：　　　　××铁路局　　　　　　　　　　　　　　NO：

甲联　发站存查

<table>
<tr><td>发站</td><td>（1）</td><td colspan="2">到站（局）</td><td>（1）</td><td colspan="2">车种车号</td><td>货车标重</td><td></td><td colspan="2">承运人/托运人装车</td></tr>
<tr><td>经由</td><td colspan="2"></td><td colspan="2">货物运到期限</td><td>（2）日</td><td colspan="3">施封号码或铁路棚车号码</td><td colspan="2"></td></tr>
<tr><td rowspan="2">运价里程</td><td rowspan="2" colspan="2">（3）</td><td rowspan="2">集装箱号码</td><td rowspan="2"></td><td rowspan="2">保价金额</td><td rowspan="2"></td><td colspan="4">现付金额</td></tr>
<tr><td>费别</td><td>金额</td><td>费别</td><td>金额</td></tr>
<tr><td colspan="3">托运人名称及地址</td><td colspan="4">（4）</td><td>发到运费</td><td>（6）</td><td>运行运费</td><td>（6）</td></tr>
<tr><td colspan="3">收货人名称及地址</td><td colspan="4">（4）</td><td>印花税</td><td>（6）</td><td>京九分流</td><td></td></tr>
<tr><td>货物品名</td><td>品名代码</td><td>件数</td><td>货物重量</td><td>计费重量</td><td>运价号</td><td>运价率</td><td>建设基金</td><td>（6）</td><td>电气化附加费</td><td>（6）</td></tr>
<tr><td>（5）</td><td>（5）</td><td>（5）</td><td>（5）</td><td></td><td>（5）</td><td>（5）</td><td></td><td></td><td></td><td></td></tr>
<tr><td></td><td></td><td></td><td></td><td></td><td></td><td></td><td></td><td></td><td></td><td></td></tr>
<tr><td colspan="2">集装箱号码</td><td></td><td colspan="4"></td><td></td><td></td><td></td><td></td></tr>
<tr><td colspan="2">记事</td><td colspan="5"></td><td>合计</td><td colspan="3"></td></tr>
</table>

（1）发站、到站（局）：分别按铁路货物运价里程表规定的站名完整填写，不得填写简称。

（2）货物运到期限：填写按规定计算的货物运到期限日数。

（3）运价里程：填写发站至到站间最短路径的里程，但绕路运输时，应填写绕路经由的里程。

（4）托运人名称及地址、收货人名称及地址：分别填写发货人和收货人的单位名称以及单位的详细地址。

（5）货物品名、品名代码、件数、货物重量、运价号、运价率：填写各承运货物对应的信息。

（6）现付金额：填写铁路运输的发到运费、运行运费，以及铁路运输相应的附加费用，如印花税、建设基金、电气化附加费。

3. 单证填制

深圳HL物流有限公司（广州）收到客户的托运申请后，根据客户托运信息填写铁路货物运单中“托运人填写”栏目，并向铁路部门办理托运。完成后的铁路运单如下所示：

铁路货物运单

货物指定于 1月3日 搬入 景德镇火车货运站

货 位：

计划号码或运输号码：YS001

运到期限：6 日 托运人发站→到站→收货人

承运人/托运人装车
承运人/托运人施封

托运人填写					承运人填写				
发站	景德镇火车货运站	到站（局）		广州东站货场	车种车号	HJ001	货车标重		
到站所属省（市）自治区			广东省广州市		施封号码				
托运人	名称	江西景德镇米通陶瓷厂			经由	铁路货车棚车号码			
	地址	江西省景德镇市米通陶瓷工业园1号	电话	0798-866××××					
收货人	名称	深圳HL物流有限公司(广州)			运价里程	集装箱号码			
	地址	广州市白云区沙太北路泰邦物流园	电话	020-6113××××	1300公里				
货物名称	件数	包装	货物价格	托运人确定重量（kg）	承运人确定重量（kg）	计费重量	运价号	运价率	运费
陶瓷花瓶	10000	木箱		20000	20000	20000kg			
瓷碟	10000	木箱		10000	10000	10000kg			
合计	20000			30000	30000	30000kg			
托运人记载事项				承运人记载事项					
注：本单不作为收款凭证，托运人签约须知见背面		托运人（签章）		到站交付日期戳		发站承运日期戳			

领货凭证

车种车号 HJ001

货票第 号

运到期限 6 日

发站	景德镇火车货运站	
到站	广州东站货场	
托运人	江西景德镇米通陶瓷厂	
收货人	深圳HL物流有限公司（广州）	
货物名称	件数	重量
陶瓷花瓶	10000	20000kg
瓷碟	10000	10000kg
托运人盖章或签字		
发站承运日期戳		
注：收货人领货须知见背面		

铁路工作人员填写铁路货票，完成后的铁路货票如下所示：

货 票

计划号码或运输号码：　　YS001　　××铁路局　　NO：

甲联　发站存查

发站	景德镇火车货运站	到站（局）	广州东站货场	车种车号	HJ001		货车标重		承运人/托运人装车	
经由		货物运到期限	6日	施封号码或铁路棚车号码						
运价里程	1300公里	集装箱号码		保价金额			现付金额			
							费别	金额	费别	金额
托运人名称及地址		江西景德镇米通陶瓷厂，江西省景德镇市米通陶瓷工业园1号					发到运费		运行运费	
收货人名称及地址		深圳HL物流有限公司(广州)，广州市白云区沙太北路泰邦物流园					印花税		京九分流	
货物品名	品名代码	件数	货物重量	计费重量	运价号	运价率	建设基金		电气化附加费	
陶瓷花瓶		10000	20000kg	20000kg						
瓷碟		10000	10000kg	10000kg						
集装箱号码										
记事							合计			

三、巩固与提高

2017年7月1日，新知物流有限公司客服姜宇收到客户的一份托运申请，内蒙古通辽国家粮食储备库要将一批粮食运往广西柳州粮食储运有限公司。新知物流有限公司计划采用铁路整车运输方式将货物由通辽火车货运站送至南宁南站货场，再采用公路运输方式运至柳州。结算方式为货到付款。根据合同要求，2017年7月9日前该批货物须被运到目的地火车货运站。内蒙古通辽国家粮食储备库按指定日期7月3日将货物运至通辽火车货运站，货位号为1001。7月4日22：00火车发车，到达南宁南站货场的时间是7月7日20：40。7月8日8：00新知物流有限公司广西分公司在南宁南站货场接货。铁路部门运输号码是YS002，运价里程为3200公里，运输车种车号是P001，货物为粮食，共1600袋，用麻袋包装，重量为50kg/包。托运人与发站交接货物，发站填制编号为 HP001 的铁路货票并与托运人结清运输费用，发到运费为 41.6 元，运行运费为 875.5 元，货车施封号码为 TL1021。

内蒙古通辽国家粮食储备库的地址：内蒙古通辽市民航路 2 号。联系人：丁鼎。联系电话：0475－5465××××。邮编：028000。

广西柳州粮食储运有限公司的地址：广西柳州市柳南区柳太路 11 号。联系人：张军。电话：0772－5839××××。邮编：545005。

新知物流有限公司客服姜宇根据客户要求，填写铁路货物运单并向发站铁路部门办理托运。

制单要求：

（1）请以新知物流有限公司客服姜宇的身份制作铁路货运单。

（2）请以铁路发站工作人员的身份制作铁路货票。

四、自我评价

评价内容	自我评价		
	掌握	理解	模糊
铁路货物运单的作用			
铁路货物运单的流转			
根据案例正确填制铁路货物运单			
铁路货票的作用			
铁路货票的流转			
根据案例正确填制铁路货票			

第九节　水路货物运单

水路运输是以船舶为主要运输工具、以港口或港站为运输基地、以水域（包括海洋、河流和湖泊）为运输活动范围的一种运输方式。水运至今仍是许多国家最重要的运输方式之一。

几十年来，我国一直把国际海上货物运输与国内沿海和内河的货物运输区别对待，采用不同于国际海上运输的管理体制，主要表现在国内水路货物运输实行运费统一定价，船舶和货物按计划调配，运输单证采用不可转让的运单制，运单随船而行，不可转让，不能作为跟单信用证的单证，承运人实行完全过失责任制，对船长船员在驾驶和管理船舶上的过失所引起的货物损失承担赔偿责任等。

一、水路货物运单的认识

运单是国内水路货物运输最基本的合同形式，以运单作为运输合同，托运人只需根据货物的基本情况及承托双方商定的运输条件填写运单，承运人在运单上加盖承运日期戳，运输合同即宣告成立。运单首先是货物运输合同，赖以确定承托双方的权利义务关系；其次，运单也是承运人接收货物的收据，运单记载的货物数量或重量是承运人接收货物的初步证据，至卸货港发生货物灭失、短少或损坏，承运人应承担赔偿责任，除非承运人能够证明货物的灭失、短少或损坏是由于承运人可以免责的事由造成的；最后，运单还是承运人据以交付货物的主要凭证，承运人在目的港必须核对收货人的身份，将货物交给运单记载的收货人。

水路货物运单、货票一式 6 份，顺序如下。

第一份：货票（起运港存查联）。

第二份：货票（解缴联），起运港→航运企业。

第三份：货票（货运人收据联），起运港→托运人。

第四份：货票（船舶存查联），起运港→船舶。

第五份：货票（收货人存查联），起运港→船舶→到达港→收货人。

第六份：货物运单（提货凭证），起运港→船舶→到达港→收货人→到达港。

货物运单联需用厚纸印刷，其他各联用薄纸印刷。印刷墨色应有区别：解缴联为红色，货运人收据联为绿色，其他各联为黑色。

二、水路货物运单的填制

1. 案例背景

2017 年 5 月 3 日，重庆市遂锋船务有限责任公司客服人员周大同收到西南铝业（集团）有限责任公司的发货通知，将建筑装饰用铝材发往南京西门子电器仪表公司。发货信息如下：

货物名称	建筑装饰用铝材 XM01
货物详情	单件尺寸（m^3）：0. 10 ×0. 12 ×12　单件重量：5kg　单件体积：0. 144m^3 数量：1000 个　总重量：5000kg　总体积：144m^3
货物价值	40000 元
发货符号	FH－01

货物名称	建筑装饰用铝材 XM02
货物详情	单件尺寸（m^3）：0. 12 ×0. 12 ×12　单件重量：5. 5kg　单件体积：0. 1728m^3 数量：1000 个　总重量：5500kg　总体积：172. 8m^3
货物价值	50000 元
发货符号	FH－02

货物名称	建筑装饰用铝材 XM03
货物详情	单件尺寸（m^3）：0. 08 ×0. 10 ×10　单件重量：4kg　单件体积：0. 08m^3 数量：1000 个　总重量：4000kg　总体积：80m^3
货物价值	30000 元
发货符号	FH－03

公司名称	西南铝业（集团）有限责任公司
地址	重庆市九龙坡区西彭镇 1 号
联系人	王云
联系方式	联系电话：023－6580×××× 邮编：401326

公司名称	南京西门子电器仪表公司
地址	南京市中山南路 360 号
联系人	程曦
联系方式	联系电话：025－6578×××× 邮编 210001

要求：2017 年 5 月 10 日运到南京港，费率是货物价值的 5%，运费 6000 元，装船费 1000 元。

调度程海根据周大同收到的要求填制运单号码为 SLHWYD001 的水路货物运单，交接清单号码为 JJQD001，安排货物装在船名船次为 HBCJ0001 的船舶上运往南京。

制单要求：

请以重庆市遂锋船务有限责任公司调度程海的身份制作水路货物运单。

2. 制单说明

水路货物运单

交接清单号码：（1） 运单号码：（1）

<table>
<tr><td colspan="2">船名航次</td><td>（2）</td><td>起运港</td><td colspan="2">（2）</td><td>到达港</td><td colspan="2">（2）</td><td colspan="3">到达日期</td><td colspan="3" rowspan="4">收货人（章）</td></tr>
<tr><td rowspan="3">托运人</td><td>全称</td><td colspan="3">（3）</td><td rowspan="3">收货人</td><td>全称</td><td colspan="2">（3）</td><td colspan="3"></td></tr>
<tr><td>地址、电话</td><td colspan="3">（3）</td><td>地址、电话</td><td colspan="2">（3）</td><td colspan="3">承运人章</td></tr>
<tr><td>银行账号</td><td colspan="3">（3）</td><td>银行账号</td><td colspan="2">（3）</td><td colspan="3"></td></tr>
<tr><td rowspan="3">发货符号</td><td rowspan="3">货品名称</td><td rowspan="3">件数</td><td rowspan="3">包装</td><td rowspan="3">价值（元）</td><td colspan="2">托运人确定</td><td colspan="2">计费重量</td><td rowspan="3">等级</td><td rowspan="3">费率</td><td rowspan="3">金额（元）</td><td colspan="3">应收费用</td></tr>
<tr><td rowspan="2">重量（t）</td><td rowspan="2">体积（长×宽×高）（m³）</td><td rowspan="2">重量（t）</td><td rowspan="2">体积（m³）</td><td>项目</td><td>费率</td><td>金额（元）</td></tr>
<tr><td>运费</td><td></td><td>（5）</td></tr>
<tr><td>（4）</td><td>（4）</td><td>（4）</td><td>（4）</td><td>（4）</td><td>（4）</td><td>（4）</td><td></td><td></td><td></td><td>（5）</td><td>（5）</td><td>装船费</td><td></td><td>（5）</td></tr>
<tr><td></td><td></td><td></td><td></td><td></td><td></td><td></td><td></td><td></td><td></td><td></td><td></td><td></td><td></td><td></td></tr>
<tr><td colspan="2" rowspan="2">运到期限（或约定）</td><td colspan="7" rowspan="2"></td><td colspan="3" rowspan="2">托运人（签章）
日期</td><td>总计</td><td colspan="2"></td></tr>
<tr><td rowspan="2">核算员</td><td colspan="2" rowspan="2"></td></tr>
<tr><td colspan="2" rowspan="2">特约事项</td><td colspan="7" rowspan="2"></td><td colspan="3" rowspan="2">承运人（签章）
日期</td></tr>
<tr><td>复核员</td><td colspan="2"></td></tr>
</table>

（1）交接清单号码、运单号码：调度员填写水路货物运单的交接清单号码和运单号。

（2）船名航次、起运港、到达港：调度员根据托运要求为托运人安排船舶船舱，并填写相应栏目。

（3）托运人信息、收货人信息：调度员根据托运信息填写托运人和收货人的全称、地址、电话、银行账号等信息。

（4）发货符号、货品名称、件数、包装、价值、托运人确定信息、计费重量信息：调度员根据托运信息填写各承运货物对应的信息。

（5）费率、金额、运费、装船费：调度员依次填写各货物费率与金额并计算运费和装船费。

3. 单证填制

重庆市遂锋船务有限责任公司调度程海根据客户要求填制水路货物运单，完成后的水路货物运单如下：

水路货物运单

交接清单号码：JJQD001　　　　　　　　　　　　　　　　　　　　运单号码：　SLHWYD001

<table>
<tr><td colspan="2">船名航次</td><td>HBCJ0001</td><td>起运港</td><td colspan="2">重庆港</td><td>到达港</td><td colspan="3">南京港</td><td colspan="2">到达日期</td><td colspan="3" rowspan="4">收货人（章）</td></tr>
<tr><td rowspan="3">托运人</td><td>全称</td><td colspan="3">西南铝业（集团）有限责任公司王云</td><td rowspan="3">收货人</td><td>全称</td><td colspan="3">南京西门子电器仪表公司程曦</td><td colspan="2"></td></tr>
<tr><td>地址、电话</td><td colspan="3">重庆市九龙坡区西彭镇1号，023-6580××××</td><td>地址、电话</td><td colspan="3">南京市中山南路360号，025-6578××××</td><td colspan="2">承运人章</td></tr>
<tr><td>银行账号</td><td colspan="3"></td><td>银行账号</td><td colspan="3"></td><td colspan="2"></td></tr>
<tr><td rowspan="2">发货符号</td><td rowspan="2">货品名称</td><td rowspan="2">件数</td><td rowspan="2">包装</td><td rowspan="2">价值（元）</td><td colspan="2">托运人确定</td><td colspan="2">计费重量</td><td rowspan="2">等级</td><td rowspan="2">费率</td><td rowspan="2">金额（元）</td><td colspan="3">应收费用</td></tr>
<tr><td>重量（t）</td><td>体积（长×宽×高）（m³）</td><td>重量（t）</td><td>体积（m³）</td><td>项目</td><td>费率</td><td>金额（元）</td></tr>
<tr><td></td><td></td><td></td><td></td><td></td><td></td><td></td><td></td><td></td><td></td><td></td><td></td><td>运费</td><td></td><td>6000</td></tr>
<tr><td>FH-01</td><td>建筑装饰用铝材XM01</td><td>1000</td><td></td><td>40000</td><td>5</td><td>1000×0.10×0.12×12</td><td>5</td><td>144</td><td></td><td>5%</td><td>2000</td><td>装船费</td><td></td><td>1000</td></tr>
<tr><td>FH-02</td><td>建筑装饰用铝材XM02</td><td>1000</td><td></td><td>50000</td><td>5.5</td><td>1000×0.12×0.12×12</td><td>5.5</td><td>172.8</td><td></td><td>5%</td><td>2500</td><td></td><td></td><td></td></tr>
<tr><td>FH-03</td><td>建筑装饰用铝材XM03</td><td>1000</td><td></td><td>30000</td><td>4</td><td>1000×0.08×0.10×10</td><td>4</td><td>80</td><td></td><td>5%</td><td>1500</td><td></td><td></td><td></td></tr>
<tr><td>合计</td><td></td><td>3000</td><td></td><td>120000</td><td>14.5</td><td>396.8</td><td>14.5</td><td>396.8</td><td></td><td></td><td>6000</td><td></td><td></td><td></td></tr>
<tr><td colspan="2" rowspan="2">运到期限（或约定）</td><td colspan="8" rowspan="2">2017年5月10日运到南京港</td><td colspan="2" rowspan="2">托运人（签章）
王云
日期</td><td>总计</td><td colspan="2">7000</td></tr>
<tr><td>核算员</td><td colspan="2"></td></tr>
<tr><td colspan="2" rowspan="2">特约事项</td><td colspan="8" rowspan="2"></td><td colspan="2" rowspan="2">承运人（签章）
周大同
日期</td><td rowspan="2">复核员</td><td colspan="2" rowspan="2"></td></tr>
<tr></tr>
</table>

三、巩固与提高

2017 年 9 月 10 日，武汉市西林船务有限公司客服人员林浩科收到武汉（钢铁）集团公司的发货通知，要求将钢材发往南京霍尔特有限责任公司。

货物名称	H型钢
货物详情	单件尺寸（m^3）：0.10×0.12×12　单件重量：35kg　单件体积：0.144m^3 数量：1000个　总重量：35000kg　总体积：144m^3
货物价值	30000元
发货符号	FH－01

货物名称	冷弯型钢
货物详情	单件尺寸（m^3）：0.12×0.12×12　单件重量：45kg　单件体积：0.1728m^3 数量：1000个　总重量：45000kg　总体积：172.8m^3
货物价值	70000元
发货符号	FH－02

货物名称	六角钢
货物详情	单件尺寸（m^3）：0.08×0.08×10　单件重量：40kg　单件体积：0.064m^3 数量：2000个　总重量：80000kg　总体积：128m^3
货物价值	50000元
发货符号	FH－03

公司名称	武汉（钢铁）集团公司
地址	武汉市中南路34号
联系人	张诚
联系方式	联系电话：027－6786×××× 邮编：430071

公司名称	南京霍尔特有限责任公司
地址	南京市浦口区环城西路33号
联系人	金玲
联系方式	联系电话：025－6643×××× 邮编：211800

要求2017年9月14日运到南京港，费率是货物价值的3%，装船费1000元。

调度员金晨根据林浩科收到的发货通知填制单号为SLHWYD002的水路货物运单，交接清单号为JJWED002，安排货物装在船名航次为GOL001的船舶上运往南京。

制单要求：

请以武汉市西林船务有限公司调度员金晨的身份制作水路货物运单。

四、自我评价

评价内容	自我评价		
	掌握	理解	模糊
水路货物运单的作用			
水路货物运单的基本流程			
根据案例正确填制水路货物运单			

第三章　国际物流单证

国际物流单证是指在国际货物运输、保险、通关等业务中应用的单据、文件与证书，通过物流单证处理国际货物的托运、订舱、交货、保险以及通关等程序，确保国际货物运输有条不紊地进行。

国际物流单证工作是随着国际贸易的发展而发展的。随着国际贸易的迅猛发展，商品的数量、品种和金额等不断扩大，传统的“银货两讫”的结算方式已经不能适应现代国际贸易和国际结算的需求，因此多数的进出口贸易都是由经办国际结算业务的银行通过票据、单据等结算工具转移和传递的，并借助某种结算方式清算国际间的债权、债务，从而实现贸易的最终完成。

物流流程的监控离不开单证，表格与数据是物流信息流的可视形式，是不同物流主体之间沟通的工具，明晰快捷的单证体系可以保证国际物流流程的顺利进行。在不同的流程中出现的不同国际物流单证，是各物流流程的状况记录和执行命令的指令，通过单证的监控就可以准确掌握货物的状态和各物流环节的运转情况，国际物流主要流程及其需要掌握的相关信息及单证对照表如下：

国际物流主要流程及其相关单证

流程	需要掌握的相关信息及单证
1. 接受货主询价	常用航线线路、港口分布信息、船期信息、货物类别、危险等级等
2. 接单	需要掌握船期、件数、箱型、箱重、毛重、体积等信息
3. 订舱	缮制委托书、取得配舱回单，摘取船名、航次、提单号等信息
4. 做箱	填制装箱计划单
5. 报关	报关委托书、报关单、发票、装箱单、合同等（有时同时，有时先于做箱）

续 表

流程	需要掌握的相关信息及单证
6. 提单确认和修改	提单
7. 签单	正本提单及其证章确认
8. 航次费用结算	—
9. 提单、发票发放	提单样本

第一节 订舱委托书

一、订舱委托书的认识

订舱委托书，简称托书，是进/出口商为了买卖商品，通过船公司和货代公司进行船运订舱的申请书。

对于出口企业（具备进出口贸易权的工厂、贸易公司等），订舱委托书一般由业务员制作，发给货代（一般船运公司只接受货代的订舱），让货代帮忙订舱，然后安排货物的运输。

对于货代（货物运输代理公司），订舱委托书由货代制作并填写，然后持此单向承运人办理货物托运。承运人（船公司）根据订舱委托书内的货物情况和所属船舶的航线、挂港、船期、舱位等因素，认为具备条件接运该货时，就接受其办理托运，并指定装载该货的船名。

订舱委托书没有固定的格式，不过主要内容都要包含在内，如托运人、收货人、通知人、装货港、卸货港、货物名称、标记、件数、重量、体积等。

二、订舱委托书的填制

1. 案例背景

2017 年 7 月 13 日，深圳潜映贸易有限公司与德国汉堡 FASA 贸易有限公司签订销售确认书，约定出口一批圣诞帽（CHRISTMAS HAT）。2017年8月3日，深圳潜映贸易有限公司准备委托深圳吉达货运代理公司完成这批货物的出口代理操作。制单要求：请根据以下合同信息填制订舱委托书。

<table>
<tr><td>S/C NO.</td><td>QY01F170713EU</td><td>DATE</td><td>2017－07－13</td></tr>
<tr><td>托运人</td><td colspan="3">深圳潜映贸易有限公司（SHENZHEN QIANYING TRADE CO.,LTD. XINHUA INSURANCE BUILDING，MINTIAN ROAD，FUTIAN DISTRICT，SHENZHEN 5181000 CHINA）</td></tr>
<tr><td>包装方式</td><td colspan="3">每件一个包装盒，20件装一个包装箱，共计500箱</td></tr>
<tr><td>货物详情</td><td colspan="3">货物名称：圣诞帽　货号：CM17SDMTH09　净重：2280KGS
毛重：2300KGS　总体积：24M³　单价：2.99USD/件　总金额：29900USD</td></tr>
<tr><td>收货人</td><td colspan="3">德国汉堡FASA贸易有限公司（FASA TRADE CO., LTD. ALTONA 23, 20543 HAMBURG，GERMANY.）</td></tr>
<tr><td>SHIPPING MARKS</td><td>CHRISTMAS HAT
ART. NR.：PJ17SDMTH02</td><td>LATEST DATE OF SHIP</td><td>170815</td></tr>
<tr><td>PORT OF LOADING</td><td>YANTIAN</td><td>PORT OF DISCHARGE</td><td>HAMBURG</td></tr>
<tr><td>PARTIAL SHIPMENT</td><td>NOT ALLOWED</td><td>TRANSSHIPMENT</td><td>NOT ALLOWED</td></tr>
<tr><td>TRANSPORTATION WAY</td><td>BY SEA</td><td>DELIVERY TERMS</td><td>CFR HAMBURG</td></tr>
<tr><td colspan="2">PAYMENT TERMS</td><td colspan="2">L/C</td></tr>
</table>

词汇

S/C NO.	合同号码	L/C	信用证
SHIPPING MARKS	唛头	LATEST DATE OF SHIP	最迟装运期
PORT OF LOADING	装运港	PORT OF DISCHARGE	卸货港
PARTIAL SHIPMENT	分批装运	TRANSSHIPMENT	转运
TRANSPORTATION WAY	运输方式	DELIVERY TERMS	交货方式
PAYMENT TERMS	支付方式	ALLOWED	允许

2. 制单说明

订舱委托书			
公司编号		日期	
（1）托运人		（4）信用证号码	
		（5）开证银行	
		（6）合同号码	
		（7）成交金额	
（2）收货人		（8）装运口岸	
		（9）目的港	
		（10）转船运输	
		（11）分批装运	
（3）通知人		（12）信用证效期	
		（13）装船期限	
		（14）运费	
		（15）成交条件	
（16）公司联系人		（17）电话/传真	
（18）公司开户行		（19）银行账号	
（20）特别要求			
（21）标记唛码	（22）货号规格	（23）包装件数	（24）毛重
	（24）净重	（24）数量	（24）单价
（24）总价	（24）总件数	（24）总毛重	（24）总净重
（24）总尺码	（24）总金额	（25）备注	

（1）托运人（Shipper）：填写托运人的全称、街名、城市、国家名称、电话、传真号。可以是货主，也可以是其贸易代理人或是货运代理。在信用证结算方式下，托运人栏目填写受益人名称和地址；在汇款和托收结算方式下，一般填写外贸合同卖方的名称和地址。

（2）收货人（Consignee）：填写收货人的名称和地址。收货人也称为提单抬头，包括记名抬头、不记名抬头和指示抬头三种类型。

如果是实际收货人，可填写全称、地址等，表示此提单为记名提单，不可以转让，因此很少使用。

如果是指示提单，可以填写“TO ORDER”或“TO ORDER OF SHIPPER”，信用证下，凭银行指示，这种提单通过背书可以转让，实务中使用最多。

如果采用不记名抬头时，则收货人栏目空着不填或写“TO BEARER”，相应的提单无须背书即可流通转让，风险很大，因此也很少使用。

注意：不可以写两个收货人，如有第二收货人，填写在通知人栏内。

（3）通知人（Notify Party）：是船公司在货物到达目的港时发送到货通知的收件人。通知人接到承运人的到货通知后，通知收货人去办理换单提货。

在信用证结算方式下，本栏目要严格按照信用证要求填写通知人的名称、地址，往往还填写联系电话和传真。

在汇款和托收结算方式下，本栏目一般填写进口商的名称、地址、联系电话和传真。

若收货人是记名抬头，则本栏目往往填写“SAME AS THE CONSIGNEE”。

（4）信用证号码：填写相关交易的信用证号码。

（5）开证银行：填写相关交易的信用证开证银行。

（6）合同号码：填写相关交易的合同号码。

（7）成交金额：填写相关交易的合同总金额。

（8）装运口岸：填写实际货物装运的港口全称。

（9）目的港：填写货物的目的港。卸货港和目的地可以相同，也可以不同。

（10）转船运输：根据合同或信用证条款填写。

（11）分批装运：根据合同或信用证条款填写。

（12）信用证效期：填写信用证的有效期。

（13）装船期限：根据合同或信用证规定的转运期限填写。

（14）运费：运费是由托运人对承运人安全运送和交付货物而支付的一种酬劳，也是合同成立的对等条件。因此，有关运费由何方在何地支付，都应在托运单上载明。一般“FREIGHT PREPAID”为托运人在装运港支付运费，“FREIGHT COLLECT”为收货人在目的港支付运费。

（15）成交条件：填写成交的贸易术语。

（16）~（19）略。

（20）特别要求：如托运人有特殊要求的话可以填写在这一栏中。

（21）标记唛码：填写货物的装运标志，即通常所说的“唛头”。

（22）货号规格：填写货物描述。

（23）包装件数：填该批货物的总件数。

（24）毛重、净重、数量、单价、总价、总件数、总毛重、总净重、总尺码、总金额：根据货物实际情况填写。

（25）备注：如有其他事项可填入此栏中。

3. 单证填制

深圳吉达货运代理公司的张辰根据客户提供的相关信息填制订舱委托书，完成后的订舱委托书如下所示：

<table>
<tr><td colspan="4">订舱委托书</td></tr>
<tr><td>公司编号</td><td></td><td>日期</td><td>2018年8月3日</td></tr>
<tr><td colspan="2">（1）托运人</td><td>（4）信用证号码</td><td></td></tr>
<tr><td colspan="2" rowspan="3">SHENZHEN QIANYING TRADE CO.,LTD.
XINHUA INSURANCE BUILDING, MINTIAN ROAD, FUTIAN DISTRICT, SHENZHEN 5181000 CHINA</td><td>（5）开证银行</td><td></td></tr>
<tr><td>（6）合同号码</td><td>QY01F170713EU</td></tr>
<tr><td>（7）成交金额</td><td>29900</td></tr>
<tr><td colspan="2">（2）收货人</td><td>（8）装运口岸</td><td>YANTIAN</td></tr>
<tr><td colspan="2" rowspan="3">FASA TRADE CO.,LTD.
ALTONA 23 ,20543 HAMBURG, GERMANY.</td><td>（9）目的港</td><td>HAMBURG</td></tr>
<tr><td>（10）转船运输</td><td>NOT ALLOWED</td></tr>
<tr><td>（11）分批装运</td><td>NOT ALLOWED</td></tr>
<tr><td colspan="2">（3）通知人</td><td>（12）信用证效期</td><td></td></tr>
<tr><td colspan="2" rowspan="3">SAMF AS THE CONSIGNEE</td><td>（13）装船期限</td><td>170815</td></tr>
<tr><td>（14）运费</td><td></td></tr>
<tr><td>（15）成交条件</td><td>CFR HAMBURG</td></tr>
<tr><td>（16）公司联系人</td><td></td><td>（17）电话/传真</td><td></td></tr>
<tr><td>（18）公司开户行</td><td></td><td>（19）银行账号</td><td></td></tr>
<tr><td>（20）特别要求</td><td colspan="3"></td></tr>
<tr><td>（21）标记唛码</td><td>（22）货号规格</td><td>（23）包装件数</td><td>（24）毛重</td></tr>
<tr><td rowspan="4">CHRISTMAS HAT
ART.NR.：PJ17SDMTH02</td><td>CM17SDMTH09</td><td>500</td><td>2300</td></tr>
<tr><td>（24）净重</td><td>（24）数量</td><td>（24）单价</td></tr>
<tr><td>2280</td><td>10000</td><td>2.99</td></tr>
<tr><td colspan="3"></td></tr>
<tr><td>（24）总价</td><td>（24）总件数</td><td>（24）总毛重</td><td>（24）总净重</td></tr>
<tr><td>29900</td><td>10000</td><td>2300</td><td>2280</td></tr>
<tr><td>（24）总尺码</td><td>（24）总金额</td><td colspan="2">（25）备注</td></tr>
<tr><td>24</td><td>29900</td><td colspan="2"></td></tr>
</table>

三、巩固与提高

2017年3月11日，南京唐朝纺织服装有限公司准备向船公司进行订舱，公司相关情况：电话025－5881××××；传真025－5881××××；开户银行：中国银行；银行账号5862593××××。制单要求：请根据发票和相关信用证的资料填制订舱委托书。

SOME MSG FROM THE L/C［ISSUED BY BNP PARIBAS（CANADA）］

DOC.CREDIT NUMBER • 20：63211020049
DATE OF ISSUE • 31 C：170303
EXPIRY DATE • 31 D：DATE 050410 PLACE IN BENEFICIARY'S COUNTRY
APPLICANT • 50：FASHION FORCE CO.,LTD.
P.O.BOX 8935 NEW TERMINAL，ALTA，VISTA OTTAWA,CANADA
BENEFICIARY • 59：NANJING TANG TEXTILE GARMENT CO.,LTD.
HUARONG MANSION RM2901 NO.85 GUANJIAQIAO，NANJING 210005,CHINA
PARTIAL SHIPMTS • 43 P：NOT ALLOWED
TRANSSHIPMENT • 43 T：ALLOWED
FOR TRANSPORT TO… • 44 B：MONTREAL
LATEST DATE OF SHIP • 44 C：170325
DOCUMENTS REQUIRED 46 A：
+ FULL SET OF ORIGINAL MARINE BILLS OF LADING CLEAN ON BOARD FIUS 2 NON NEGOTIABLE COPIES MADE OUT OR ENDORSED TO ORDER OF BNP PARIBAS（CANADA）MARKED FREIGHT PREPAID AND NOTIFY APPLICANTS FULL NAME AND ADDRESS

ISSUER NANJING TANG TEXTILE GARMENT CO.,LTD. HUARONG MANSION RM2901 NO.85 GUANJIAQIAO, NANJING 210005,CHINA		商业发票 COMMERCIAL INVOICE		
TO FASHION FORCE CO.,LTD P.O.BOX 8935 NEW TERMINAL, ALTA, VISTA OTTAWA, CANADA		NO. NT01FF004	DATE Mar.9, 2017	
TRANSPORT DETAILS SHIPMENT FROM SHANGHAI TO MONTREAL BY VESSEL		S/C NO. F01LCB05127	L/C NO. 63211020049	
		TERMS OF PAYMENT L/C AT SIGHT		
Marks and Numbers	Number and kind of package Description of goods	Quantity	Unit Price	Amount
			USD	
		CIF MONTREAL，CANADA		
FASHION FORCE F01LCB05127 CTN NO. MONTREAL MADE IN CHINA	LADIES OOTTONBLAZER （100% COTTON, 40SX20/140X60）	2550PCS	USD12.80	USD32640.00
	Total:	2550PCS		USD32640.00

SAY TOTAL: USD THIRTY TWO THOUSAND SIX HUNDRED AND FORTY ONLY

SALES CONDITIONS: CIF MONTREAL/CANADA

SALES CONTRACT NO. F01LCB05127

LADIES COTTON BLAZER（100% COTTON, 40SX20/140X60）

STYLE NO.	PO NO.	QTY/PCS	USD/PC
46-301A	10337	2550	12.80

PAKAGE	N. W.	G. W.
85CARTONS	17KGS	19KGS

TOTAL PACKAGE: 85 CARTONS

TOTAL MEAS: 21.583 CBM

NANJING TANG TEXTILE GARMENT CO., LTD.

张伟

四、自我评价

评价内容	自我评价		
	掌握	理解	模糊
订舱委托书的填制			
订舱委托书的流转			
根据案例正确填制订舱委托书			

第二节 装箱单

一、装箱单的认识

装箱单是用以说明货物包装细节的清单。装箱单的作用主要是补充发票内容，详细记载包装方式、包装材料、包装件数、货物规格、数量、重量等内容，便于进口商或海关等有关部门对货物进行核准。

装箱单所列的各项数据和内容必须与提单等单据的相关内容一致，还要与货物实际情况相符。通常可以将其有关内容加列在商业发票上，但是在信用证有明确要求时，就必须严格按信用证约定制作。

二、装箱单的填制

1. 案例背景

深圳吉达货运代理公司（以下简称“吉达货运”）收到深圳潜映贸易有限公司（以下简称“潜映贸易”）的订舱委托书。经过审核和确认，2017 年 8 月 4 日，吉达货运通过网上订舱向 CICI 船公司订舱。CICI 船公司的客服人员与吉达货运确认过订舱信息后，发放了订舱确认单给吉达货运，上面显示了船名、航次、柜型、箱号、封号、船期等信息。吉达货运把订舱确认单转给了潜映贸易。2 天后，吉达货运从堆场提空箱到潜映贸易进行装箱，将 10000 件（500 箱）圣诞帽装入一个 20ft 集装箱内。

制单要求：

装箱顺利完成后，潜映贸易的工作人员根据实际装箱情况开始填制装箱单。

<table>
<tr><td colspan="7">SHENZHEN QIANYING TRADE CO., LTD.
XINHUA INSURANCE BUILDING, MINTIAN ROAD,
FUTIAN DISTRICT, SHENZHEN 5181000 CHINA</td></tr>
<tr><td colspan="7">集装箱配货明细表</td></tr>
<tr><td>箱型</td><td>20′GP</td><td>箱号</td><td colspan="2">CIUS7362929</td><td>铅封号</td><td>CA276482</td></tr>
<tr><td colspan="7">货物明细</td></tr>
<tr><td>品名</td><td>标记</td><td>包装方式</td><td>毛重</td><td>净重</td><td>件数</td><td>体积</td></tr>
<tr><td>圣诞帽</td><td>CHRISTMAS HAT
ART. NR.: PJ17SDMTH02</td><td>纸箱</td><td>2300KGS</td><td>2280KGS</td><td>10000件</td><td>24M^3</td></tr>
<tr><td>收货人</td><td colspan="6">德国汉堡FASA贸易有限公司
FASA TRADE CO., LTD. ALTONA 23, 20543 HAMBURG, GERMANY</td></tr>
<tr><td>结柜时间</td><td>2017年8月10日</td><td>船期</td><td>2017年8月13日</td><td>船名航次</td><td colspan="2">CICI EUSK V.9018</td></tr>
<tr><td>起运港</td><td>YANTIAN</td><td>目的港</td><td>HAMBURG</td><td>装箱要求</td><td colspan="2">整齐照相</td></tr>
</table>

2. 制单说明

<table>
<tr><td colspan="6" rowspan="2">SHENZHEN QIANYING TRADE CO., LTD.
装箱单
PACKING LIST</td><td>(1)集装箱号
Container No.</td><td></td></tr>
<tr><td>(2)铅封号
Seal No.</td><td></td></tr>
<tr><td>(3)船名
Vessel</td><td></td><td>(3)航次
Voy</td><td></td><td>(4)目的港
Destination</td><td></td><td>(5)集装箱规格
Container Type</td><td></td></tr>
<tr><td>(6)标记
Shipping Mark</td><td>(7)件数及包装
Packing&Numbers</td><td>(8)品名
Descr iption</td><td>(9)毛重
G.W(KGS)</td><td>(10)净重
N.W(KGS)</td><td>(11)体积
Measurement(M^3)</td><td colspan="2">(12)收货人及通知人
Consignee & Notify Party</td></tr>
<tr><td></td><td></td><td></td><td></td><td></td><td></td><td colspan="2"></td></tr>
<tr><td>(13)装箱地点
Loading Spot</td><td colspan="2"></td><td>(14)装箱日期
Loading Date</td><td></td><td>(15)发货人
Shipper</td><td colspan="2"></td></tr>
</table>

(1)集装箱号：填写实际集装箱号。

(2)铅封号：与集装箱号码是一一对应的关系。铅封只能用一次，打开之后就坏了，不能再用了。此处直接填写实际铅封号。

(3)船名、航次：此处可依据报关单、订舱确认书、配舱回单等单据直接填写订舱确认后的船名、航次。一般船名航次公布由“/”“V.”分隔，前半部分为船名，后半部分为航次。例如，船名航次为：DONGFANG/875E，即船名为DONGFANG，航次为875E。

（4）目的港：本次运输船运的最终目的港，英文填写，如温哥华（VANCOUVER），直接填写VANCOUVER。

（5）集装箱规格：直接填写装运本批货物的集装箱类型，填写格式为："集装箱尺寸（数字）" + "/" + "集装箱类型（英文缩写）"。例如，40ft高箱，即填写为"40/HP"。

（6）标记：填写货物外包装上的运输标记，要同刷在货物外包装上的实际标记符号相同。

（7）件数及包装：填写本批货物运输的实际包装件数及种类。填写标准为："商品数量" + "包装种类简写"。例如，20个包装箱，则填写为："20CTNS"。

（8）品名：集装箱内所装货物名称，按照销售确认书填写商品的中文名称。例如，出口商品为管件，则在此处直接填"管件"。

（9）毛重：填写出运商品总毛重。填写时，若表头处有单位，则此处只填写重量数，例如23kg，此处只填写"23"；若表头处无单位，则此处需填写重量数和单位，例如23kg，此处填写"23KGS"。

（10）净重：填写出运商品总净重。填写时，若表头处有单位，则此处只填写重量数，例如23kg，此处只填写"23"；若表头处无单位，则此处需填写重量数和单位，例如23kg，此处填写"23KGS"。

（11）体积：填写出运货物的总体积。若在表单表头处有体积单位，则此处只填写体积数，例如23m^3，此处只填写"23"；若表头处无体积单位，则此处需填写体积数和单位，例如23m^3，此处填写"23CBM"。

（12）收货人及通知人：本次交易合同进口商。多数情况下填写进口商的英文名称和地址，并与信用证开证申请人的名称和地址保持一致。

（13）装箱地点：实际的货物装箱地点。如果是在工厂装箱就直接写工厂名称；如果是在堆场就写堆场名称。例如，送货通知上标明将货物于2010年12月5日前运至××物流公司堆场，地址为：上海市××区××路，则此处直接填写"××物流公司堆场"。

（14）装箱日期：装箱的具体日期。例如，装箱日期为2017年1月1日，则此处填写"2017.1.1"。

（15）发货人：发货人英文名称和地址。可直接根据销售确认书填写。

3. 单证填制

装箱顺利完成后，潜映贸易的工作人员王璐根据实际装箱情况开始填制装箱单。完成后的装箱单如下所示：

<table>
<tr><td colspan="6" rowspan="2">SHENZHEN QIANYING TRADE CO., LTD.
装箱单
PACKING LIST</td><td>集装箱号
Container No.</td><td>CIUS7362929</td></tr>
<tr><td>铅封号
Seal No.</td><td>CA276482</td></tr>
<tr><td>航名
Vessel</td><td>CICI EUSK</td><td>航次
Voy</td><td>9018</td><td>目的港
Destination</td><td>HAMBURG</td><td>集装箱规格
Container Type</td><td>20/GP</td></tr>
<tr><td>标记
Shipping Mark</td><td>件数及包装
Packing&Numbers</td><td>品名
Descr iption</td><td>毛重
G.W（KGS）</td><td>净重
N.W（KGS）</td><td>体积
Measurement（M^3）</td><td colspan="2">收货人及通知人
Consignee&Notify Party</td></tr>
<tr><td>CHRISTMAS HAT
ART.NR.: PJ17SDMTH02</td><td>500CTNS</td><td>圣诞帽</td><td>2300</td><td>2280</td><td>24</td><td colspan="2">FASA TRADE CO.,LTD.
ALTONA 23, 20543 HAMBURG, GERMANY</td></tr>
<tr><td>装箱地点
Loading Spot</td><td colspan="2">深圳潜映贸易有限公司</td><td>装箱日期
Loading Date</td><td>2017.8.6</td><td>发货人
Shipper</td><td colspan="2">SHENZHEN QIANYING TRADE CO.,LTD.
XINHUA INSURANCE BUILDING,
MINTIAN ROAD, FUTIAN DISTRICT,
SHENZHEN 5181000 CHINA</td></tr>
</table>

三、巩固与提高

根据以下材料填写装箱单。

2017 年 4 月 12 日，北京创新服饰有限公司与法国巴黎 BEAR 服饰加工厂约定于 2017 年 5 月 20 日将一批男士西装（MEN'S SUIT）运至巴黎港（PARIS）。包装规格：每件一个包装盒，8 件装一个包装箱，共计 500 箱。

北京创新服饰有限公司委托天津佳诚国际物流有限公司完成这批货物的运输。这批货物于 2017 年 5 月 10 日装船，装运港为天津港（TIANJIN），货物到达目的港后直接交货。

2017 年 5 月 7 日，北京创新服饰有限公司将这批西装运至天津港即天津佳诚国际物流有限公司堆场，装在一个 40 尺普通集装箱内（CONTAINER NO.：CBHU3202732；铅封号为：0121416），运费到付。

报关单信息：

申报号：001；备案号：无；主管海关：天津海关（0201）；出口口岸：天津海关（0201）；合同号：0121416；运输方式：水路运输；运输工具名称：ALBERTA/426E；提运单号：CMAACSF；监管方式：一般贸易（0110）；结汇方式：信用证（6）；运抵国（地区）：法国；指运港：巴黎港；征免性质：一般征税（101）；纳税方式：地方；

批准文号：014；成交方式：CIF；运费率：USD120.00；附加费：10%；件数：4000；毛重（KGS）：8000；净重（KGS）：7700；体积（M^3）：49.64

货品信息：

品名：男士西装；申报数量：4000；数量单位：箱；币制：美元（502）；总价：27090；国别：法国；序号：1；商品号：6203330019；规格型号：MEN98765－1；附加号：90；征税方式：照章。

其他：

出口公司：北京创新服饰有限公司

BEIJING INNOVATION DRESS CO.,LTD.

NO.918 QINGNIAN ROAD，CHANGYANG INDUSTRIAL AREA，BEIJING，201818，CHINA

国外收货人：

TERRAZZO&MARBLE SUPPLY COMPANIES

77 SOUTH WHEELING ROAD，WHEELING，IL60090，FRANCE.

运费计费标准：箱（CTN）

四、自我评价

评价内容	自我评价		
	掌握	理解	模糊
装箱单的作用			
装箱单的流转			
根据案例正确填制装箱单			

第三节 形式发票

一、形式发票的认识

形式发票是一种非正式发票，是卖方对潜在买方报价的一种形式，是在没有正式合同之前，经双方签字或盖章之后充当合同并产生法律效力的文件。形式发票本来只是在客户确认了价格并下了订单之后卖方所做的使对方再次确认的发票，但在没有正式合同之前，形式发票即是合同。

形式发票要列清楚以下几个要约：货物品名；数量；成交价格方式，是FOB（船上交货价）、CFR（成本加运费），还是CIF（成本费加保险费加运费）等；装运期；运输方式；付款方式；公司详细的银行资料。

形式发票的主要作用是：作为数量化的报价；作为销售确认；让买方凭它可以申请办理输入许可、外汇许可和开立信用证；由于形式发票上详细载明了进口货价及有关费用，所以有些国家规定可以凭形式发票申请进口许可证，或作为向海关申报货物价格之用；形式发票还可以用于其他需要结算的场合，如预付货款，在装货前要求现金支付；在寄售方式中，出口的货物没有确定的销售合约，而是放在代理商手中，对代理商来说，形式发票可以作为向潜在的买方报价的指南；如果是投标，形式发票可以使买方在许多相互竞争的供货商中按合理的价格和销售条件签订销售合同。

二、形式发票填制

1. 案例背景

2017年7月13日，深圳潜映贸易有限公司（以下简称“潜映贸易”）与德国汉堡FA-SA贸易有限公司签订销售确认书（QY01F170713EU），约定出口一批圣诞帽（CHRIST-MAS HAT）共10000件（500箱）。2017年8月6日，潜映贸易完成了圣诞帽的装箱。

制单要求：装箱顺利完成后，潜映贸易的工作人员根据实际装箱情况开始填制形式发票（QYDAS2873629）。

S/C NO.	QY01F170713EU	DATE	2017-07-13
托运人	深圳潜映贸易有限公司（SHENZHEN QIANYING TRADE CO., LTD. XINHUA INSURANCE BUILDING, MINTIAN ROAD, FUTIAN DISTRICT, SHENZHEN 5181000 CHINA）		
包装方式	每件一个包装盒，20件装一个包装箱，共计500箱		
货物详情	货物名称：圣诞帽　货号：CM17SDMTH09　数量：500箱　净重：2280KGS 毛重：2300KGS　总体积：24M³　单价：2.99USD/件　总金额：29900USD		
收货人	德国汉堡FASA贸易有限公司（FASA TRADE CO., LTD. ALTONA 23，20543 HAMBURG，GERMANY）		
SHIPPING MARKS	CHRISTMAS HAT ART.NR.:PJ17SDMTH02	DESCRIPTION	ART.NR.: PJ17SDMTH02 CONTRACT NO.: QY01F170713EU CFR HAMBURG
PORT OF LOADING	YANTIAN	PORT TO DESTINATION	HAMBURG
TIME OF DELIVERY	28DAYS	TRANSPORTATION WAY	BY SEA
PAYMENT TERMS	L/C	DELIVERY TERMS	CFR HAMBURG

2. 制单说明

<table>
<tr><td colspan="4" rowspan="2">（1）ISSUER</td><td colspan="2">形式发票
PROFORMA INVOICE</td></tr>
<tr><td colspan="2"></td></tr>
<tr><td colspan="4" rowspan="4">（2）TO</td><td>（4）NO.</td><td>（5）DATE</td></tr>
<tr><td></td><td></td></tr>
<tr><td>（6）S/C NO.</td><td>（7）L/C NO.</td></tr>
<tr><td></td><td></td></tr>
<tr><td colspan="4">（3）TRANSPORT DETAILS</td><td colspan="2">（8）TERMS OF PAYMENT</td></tr>
<tr><td colspan="4"></td><td></td><td></td></tr>
<tr><td>（9）Marks&Numbers</td><td>（10）Number and kind of package</td><td>（11）Description of goods</td><td>（12）Quantity</td><td>（13）Unit Price</td><td>（14）Amount</td></tr>
<tr><td></td><td></td><td></td><td></td><td></td><td></td></tr>
<tr><td colspan="2"></td><td>（15）Total:</td><td colspan="3"></td></tr>
<tr><td colspan="6">（16）SAY TOTAL</td></tr>
<tr><td colspan="2">（17）PORT TO LOADING:</td><td colspan="4"></td></tr>
<tr><td colspan="2">（18）PORT TO DESTINATION:</td><td colspan="4"></td></tr>
<tr><td colspan="2">（19）TIME OF DELIVERY:</td><td colspan="4"></td></tr>
<tr><td colspan="2">（20）BENEFICIARY:</td><td colspan="4"></td></tr>
</table>

词汇			
ISSUER	发行人	TRANSPORT DETAILS	运输说明
S/C NO.	合同号码	L/C NO.	信用证号码
Marks&Numbers	标志和号码	Number and kind of package	包装数量和种类
Description of goods	货描	Quantity	数量
Unit Price	单价	Amount	总价
PORT TO LOADING	起运港	PORT TO DESTINATION	目的港
TIME OF DELIVERY	运输时间	BENEFICIARY	收益人

（1）ISSUER：发行人、签单人，即出口商。此栏目按合同和信用证的规格填写出口商名称和地址的英文全称。

（2）TO：买方、进口商名称和地址，此栏必须与信用证申请人严格一致（除非信用证另有规定）。在其他支出方式下，可以按合同规定列入买方英文名称和地址。

（3）TRANSPORT DETAILS：起运地，按信用证规定填写，并与提单所列明的一致。目的地，按信用证填写，同时要注意目的地的规定要明确具体，不能笼统；有重名的目的地后面要加打国别。

（4）NO.：此处填写发票编号即可。

（5）DATE：此处填写签发发票的日期。按照实际签发日期填写即可。

（6）S/C NO.：销售确认书编号与信用证上列明的一致，可依据信用证直接填写。一笔交易牵涉多个合同的，应在发票上表示出来。

（7）L/C NO.：信用证方式下的发票需填写信用证号码，作为出具该发票的依据。若不是信用证方式支付，本项留空。

（8）TERMS OF PAYMENT：付款条件可依据信用证填写，信用证对其有明确的规定，一般约定为在承兑××个工作日内完成付款。例如，信用证规定在承兑 60 个工作日内完成付款，即填写规则为：60 DAYS FROM THE DATE OF NEGOTIATION。

（9）Marks & Numbers：填写货物外包装上的运输标记。按信用证的内容填写，应与提单上所记载的标记一致，特别要同刷在货物外包装上的实际标记符号相同。若没有特殊说明，则填写“N/M”。

（10）Number and kind of package：填写本批货物运输的实际包装件数及种类，可依据装箱单填写，实际装箱数量与销售确认书约定的商品数量有时候会有出入，按照实际装箱数量填写。填写标准为：“商品数量” +“包装种类简写”。例如，20 打，则填写为：“20DOZ”。

（11）Description of goods：货物内容一般包括货物的名称、规格、数量、单价、贸易术语、包装等项目，制单时应与信用证的内容严格一致，省略或增加货物的字或句，都会造成单证不符，开证银行有权拖延或拒付货款。

（12）Quantity：本栏目填写与 Number and kind of package 一致。填写货物的包装件数、商品规格、重量及包装情况。货物的数量，与计量单位连用，如“××PCS”。货物包装的实际情况应如实地反映在发票上，如有内包装，也应原句照填。

（13）Unit Price：单价由四个部分组成：计价货币、计量单位、单位数额和价格术语。如果信用证有规定，应与信用证保持一致；若信用证没规定，则应与合同保持一致。填写规则为：“价格条款” + “装/卸港” + “单位数额” + “计量单位”。单位数额由货币数量和币种组成，计量单位与单位数额之间用“/”隔开。例如：CFR KOBE USD5.00/PC。

（14）Amount：列明币种及各项商品总金额。除非信用证上另有规定，货物总值不能超过信用证金额。若信用证没规定，则应与合同保持一致。一般为商品单价乘以商品总量所得，填写价格总额由货币币种和价格数量构成，例如，总金额为23美元，此处填写“USD23.00”。

（15）Total：此栏目填写商品总数量。一般为装箱的实际运输包装数量，即实际包装数量，可依据装箱单填写。填写内容为“数量” + “包装单位”。例如：实际包装数量为23箱，则此处填写为“23CTNS”。

（16）SAY TOTAL：此栏目填写为本次交易商品的总金额大写，一般填写以“SAY” + “货币数额” + “货币币种” + “ONLY”格式，即填写“SAY×××THOUSAND×××HUNDRED AND×××USD ONLY”。

（17）PORT TO LOADING：此处填写本次运输货物的装运港，一般在销售确认书、信用证等单证上都有约定。直接填写装运港即可。例如：装运港为上海港，则此处填写“SHANGHAI”。

（18）PORT TO DESTINATION：此处填写本次运输货物的最终目的港，一般在销售确认书、信用证等单证上都有约定。直接填写卸货港即可。例如：卸货港为上海港，则此处填写“SHANGHAI”。

（19）TIME OF DELIVERY：此处填写为交货时间，可依据信用证和销售合同填写此栏，一般直接填写具体的天“×××DAYS”即可。例如3天，即填写“3 DAYS”。

（20）BENEFICIARY：受益人，此处可直接依据信用证填写受益人的名称，一般为出口商公司名称。

3. 单证填制

装箱顺利完成后，潜映贸易的工作人员王璐根据实际装箱情况开始填制单号为QYDAS2873629 的形式发票。完成后的形式发票如下所示：

<table>
<tr><td colspan="4">（1）ISSUER</td><td colspan="2">形式发票</td></tr>
<tr><td colspan="4" rowspan="3">SHENZHEN QIANYING TRADE CO.,LTD.
XINHUA INSURANCE BUILDING,MINTIAN ROAD,FUTIAN DISTRICT,
SHENZHEN 5181000 CHINA</td><td colspan="2">PROFORMA INVOICE</td></tr>
<tr><td colspan="2"></td></tr>
<tr><td colspan="2"></td></tr>
<tr><td colspan="4">（2）TO</td><td>（4）NO.</td><td>（5）DATE</td></tr>
<tr><td colspan="4" rowspan="3">FASA TRADE CO.,LTD.
ALTONA 23,20543 HAMBURG,GERMANY</td><td>QYDAS2873629</td><td>2017.8.6</td></tr>
<tr><td>（6）S/C NO.</td><td>（7）L/C NO.</td></tr>
<tr><td>QY01F170713EU</td><td></td></tr>
<tr><td colspan="4">（3）TRANSPORT DETAILS</td><td colspan="2">（8）TERMS OF PAYMENT</td></tr>
<tr><td colspan="4">FROM SHENZHEN/CHINA TO HAMBURG/GERMANY BY SEA</td><td colspan="2"></td></tr>
<tr><td>（9）Marks&Numbers</td><td>（10）Number and kind of package</td><td>（11）Description of goods</td><td>（12）Quantity</td><td>（13）Unit Price</td><td>（14）Amount</td></tr>
<tr><td>CHRISTMAS HAT

ART.NR.:PJ17SDMTH02</td><td>500CTNS</td><td>CHRISTMAS HAT
ART.NR.:PJ17SDMT-H02
CONTRACT
NO.:QY01F170713EU
CFR HAMBURG</td><td>500CTNS</td><td>CFR HAMBURG
GERMANY
USD2.99/PC</td><td>USD29900</td></tr>
<tr><td></td><td></td><td>（15）Total:</td><td>500CTNS</td><td></td><td></td></tr>
<tr><td>（16）SAY TOTAL</td><td colspan="5">SAY TWENTY NINE THOUSAND NINE HUNDRED USD ONLY</td></tr>
<tr><td colspan="2">（17）PORT TO LOADING:</td><td colspan="4">YANTIAN</td></tr>
<tr><td colspan="2">（18）PORT TO DESTINATION:</td><td colspan="4">HAMBURG</td></tr>
<tr><td colspan="2">（19）TIME OF DELIVERY:</td><td colspan="4">28 DAYS</td></tr>
<tr><td colspan="2">（20）BENEFICIARY:</td><td colspan="4">SHENZHEN QIANYING TRADE CO.,LTD.</td></tr>
</table>

三、巩固与提高

天津华伦纺织有限公司于 2017 年 3 月 12 日收到孟加拉国 M/S EVINCE GARMENTS LTD. 开来的 SWIFT 信用证。

备注：2017 年 4 月 13 日签发编号为 TGBA2017—1 的发票。在生产完工后，先称量每卷的毛重、净重及码数，输入电脑，然后根据实装的卷数 42BALES，得出货物总码数 2737YDS、总毛重 611KGS 及总净重 587KGS，形成装箱明细。请根据 SWIFT 信用证和备注信息，填制形式发票。其中 INSURANCE、VALIDITY、ADVISING BANK、NE-

GOTIATING BANK 四个栏目本案例不填写。

信用证相关信息如下：

27 SEQUENCE OF TOTAL	1/1	40A FORM OF L/C	IRREVOCABLE
20 DOCUMENT CREDIT NO.	100310060091	31C DATE OF ISSUE	170310
31D DATE AND PLACE OF EXPIRE	180507 CHINA	32B CURRENCY CODE, AMOUNT	USD9576.00
50 APPLIANT	M/S. EVINCE GARMENTS LTD. PLOT NO. 33. SECTION–7, MIRPUR, DHAKA–1216, BANGLADESH	59 BENEFICIARY	TIANJIN HUALUN TEXIILE CO., LTD. HAGUGANG TOWN, WUQING DISTRICT, TIANJIN CHINA P.C.301721
39B MAXIMUM CREDIT AMOUNT	NOT EXCEEDING	60 TERMS OF PAYMENT	120 DAYS FROM THE DATE OF NEGOTIATION
43P PRATIAL SHIPMENT	ALLOWED	43T TRANSSHIPMENT	ALLOWED
44E PORT OF LOAD/AIR OF	FORM TIANJIN/CHINA SEAPORT/AIRPORT	44F PORT OF DISCHARGE/AIR OF	CHITTAGONG/DHAKA BY SEA
44C LATEST DATE OF SHIPMENT	170423	48 PERIOD FOR PRESENTATION	15 DAYS
45A DESCRIPTION OF GOODS	FABRICS FOR READYMADE GARMENTS INDUSTRY. CONTRACT NO.: TGBA2017 QUANTITY:2737（YDS）AT USD3.00/YD CIF CHITTAGONG BANGLADESH		
46A DOCUMENTS REQUIRED	YOUR SIGNED INVOICE & PACKING LIST IN OCTUBLICATE CERTIFYING MERCHANDISE TO BE OF CHINA ORIGIN FULL SET OF CLEAN SHIPPED ON BOARD OCEAN BILL OF LADING		
41D AVAILABLE WITH, BY ANY BANK IN CHINA BY NEGOTIATION			
47A 3PCT MORE IN QUANTITY/AMOUNT OF ALL PIECE GOODS IS ACCEPTED			

四、自我评价

评价内容	自我评价		
	掌握	理解	模糊
形式发票的作用			
形式发票的流转			
根据案例正确填制形式发票			

第四节　报检单

一、报检单的认识

报检是指有关当事人根据法律、行政法规的规定、对外贸易合同的约定或证明履约的需要，向检验机构申请检验、检疫、鉴定，以获准出入境或取得销售使用的合法凭证及某种公证证明所必须履行的法定程序和手续。

报检单是国家检验检疫部门根据检验、检疫、鉴定工作的需要，为保证检验检疫工作规范化和程序化而设置的。它是报检人根据有关法律、行政法规或合同约定申请检验检疫机构对检验检疫对象实施检验检疫，以获准出入境或销售使用及相关检验检疫证单的书面凭证。同时，报检单也是检验检疫机构受理报检，对出入境货物、人员、交通工具等实施检验检疫启动检验检疫程序的依据。

根据不同的检验检疫对象和项目，报检单有特定的格式和内容，一般可分为入境货物报检单、出境货物报检单、出入境货物包装检验申请单、更改申请单、出/入境集装箱报检单等。

出入境检验检疫报检范围包括：国家法律法规规定必须由出入境检验检疫机构检验检疫的；输入国家或地区规定必须凭检验检疫机构出具的证书方准入境的；有关国际条约规定须经检验检疫的；对外贸易合同约定须凭检验检疫机构签发的证书进行交接、结算的；申请签发一般原产地证明书、普惠制原产地证明书等原产地证明书的。

二、报检单填制

1. 案例背景

2017 年 8 月 6 日，深圳潜映贸易有限公司（以下简称“潜映贸易”）关务组王璐把报检委托书和相关材料发给深圳吉达货运代理公司（以下简称“吉达货运”）进行报检，并把随附单据：合同、信用证、发票、装箱单，以及需要证单：品质证书一正一副一起提交了。吉达货运的报检人员丁磊（电话：0755 – 8373 ××××）收到报检委托书后，即向深圳出入境检验检疫局进行报检申请。

代理报检委托书

编号：

深圳出入境检验检疫局：

本委托人（备案号/组织机构代码 28748398—X）保证遵守国家有关检验检疫法律、法规的规定，保证所提供的委托报检事项真实、单货相符。否则，愿承担相关法律责任。具体委托情况如下：

本委托人将于 2017 年 8 月间出口如下货物：

品名	圣诞帽	H.S.编码	1257486552
数（重）量	500箱	包装情况	箱
信用证/合同号	QY01F170713EU	许可文件号	/
其他特殊要求			

特委托 深圳吉达货运代理公司（代理报检注册登记号 8373929293），代表本委托人办理上述货物的下列出入境检验检疫事宜：

☑1.办理报检手续；
☑2.代缴纳检验检疫费；
☑3.联系和配合检验检疫机构实施检验检疫；
☑4.领取检验检疫证单；
☑5.其他与报检有关的相关事宜：＿＿＿＿

联系人：王璐　　联系电话：0755-2837××××

本委托书有效期至 2017 年 10 月 31 日

委托人（加盖公章）深圳潜映贸易有限公司

2017 年 8 月 6 日

受托人确认声明

本企业完全接受本委托书。保证履行以下职责：

1.对委托人提供的货物情况和单证的真实性、完整性进行核实；
2.根据检验检疫有关法律法规规定办理上述货物的检验检疫事宜；
3.及时将办结检验检疫手续的有关委托内容的单证、文件移交委托人或其他指定的人员；
4.如实告知委托人检验检疫部门对货物的后续检验检疫及监管要求。

如在委托事项中发生违法或违规行为，愿承担相关法律和行政责任。

联系人：　　联系电话：

受托人（加盖公章）

年　月　日

S/C NO.	QY01F170713EU	L/C NO.	QF14865502
托运人	深圳潜映贸易有限公司（SHENZHEN QIANYING TRADE CO.,LTD. XINHUA INSURANCE BUILDING,MINTIAN ROAD,FUTIAN DISTRICT,SHENZHEN 5181000 CHINA）		
包装方式	每件一个包装盒，20件装一个包装箱，共计500箱		
货物详情	货物名称：圣诞帽　货号：CM17SDMTH09　数量：500箱　净重：2280KGS 毛重：2300KGS　总体积：24M³　单价：2.99USD/件　总金额：29900USD		
收货人	德国汉堡FASA贸易有限公司（FASA TRADE CO.,LTD. ALTONA 23,20543 HAMBURG,GERMANY）		
标记	CHRISTMAS HAT ART.NR.:PJ17SDMTH02		
集装箱号	CIUS7362929	箱型	20/GP
船名航次	CICI EUSK V.9018	船期	2017年8月13日

2. 制单说明

中华人民共和国出入境检验检疫
出境货物报检单

<table>
<tr><td colspan="8">（1）报检单位（加盖公章）：　　　　　　　　　　　　（2）*编号:
（3）报检单位登记号:　　（4）联系人:　　（5）电话:　　（6）报检日期:</td></tr>
<tr><td rowspan="2">（7）发货人</td><td>（中文）</td><td colspan="6"></td></tr>
<tr><td>（外文）</td><td colspan="6"></td></tr>
<tr><td rowspan="2">（7）收货人</td><td>（中文）</td><td colspan="6"></td></tr>
<tr><td>（外文）</td><td colspan="6"></td></tr>
<tr><td colspan="2">（8）货物名称（中/外文）</td><td>（9）H.S.编码</td><td>（10）产地</td><td>（11）数/重量</td><td>（12）货物总值</td><td colspan="2">（13）包装种类及数量</td></tr>
<tr><td colspan="2"></td><td></td><td></td><td></td><td></td><td colspan="2"></td></tr>
<tr><td colspan="2">（14）运输工具名称号码</td><td></td><td>（15）贸易方式</td><td></td><td>（16）货物存放地点</td><td colspan="2"></td></tr>
<tr><td>（17）合同号</td><td></td><td>（18）信用证号</td><td></td><td></td><td>（19）用途</td><td colspan="2"></td></tr>
<tr><td>（20）发货日期</td><td></td><td>（21）输往国家（地区）</td><td colspan="2"></td><td>（22）许可证/审批号</td><td colspan="2"></td></tr>
<tr><td>（23）启运地</td><td></td><td>（24）到达口岸</td><td colspan="2"></td><td>（25）生产单位注册号</td><td colspan="2"></td></tr>
<tr><td colspan="2">（26）集装箱规格、数量及号码</td><td colspan="6"></td></tr>
<tr><td colspan="2">（27）合同、信用证订立的检验检疫条款或特殊条款</td><td colspan="3">（28）标记及号码</td><td colspan="3">（29）随附单据（画“√”或补填）</td></tr>
<tr><td colspan="2"></td><td colspan="3"></td><td colspan="2">□合同
□信用证
□发票
□换证凭单
□装箱单
□厂检单</td><td>□包装性能结果
□许可/审批文件
□
□
□
□</td></tr>
<tr><td colspan="5">（30）需要证单名称（画“√”或补填）</td><td colspan="3">*检验检疫费</td></tr>
<tr><td colspan="2" rowspan="3">□品质证书　__正__副
□重量证书　__正__副
□数量证书　__正__副
□兽医卫生证书　__正__副
□健康证书　__正__副
□卫生证书　__正__副
□动物卫生证书　__正__副</td><td colspan="3" rowspan="3">□植物检疫证书　__正__副
□熏蒸/消毒证书　__正__副
□出境货物换证凭单
□出境货物通关单　__正__副
□
□
□</td><td colspan="2">总金额（人民币元）</td><td></td></tr>
<tr><td colspan="2">计费人</td><td></td></tr>
<tr><td colspan="2">收费人</td><td></td></tr>
<tr><td colspan="5" rowspan="3">（31）报检人郑重声明：
1.本人被授权报检。
2.上列填写内容正确属实。货物无伪造或冒用他人的厂名、标志、认证标志，并承担货物质量责任。
签名：________</td><td colspan="3">（32）领取证单</td></tr>
<tr><td colspan="2">日期</td><td></td></tr>
<tr><td colspan="2">签名</td><td></td></tr>
</table>

注：有“*”号栏由出入境检验检疫机关填写。

说明：“出境货物报检单”所列各栏必须填写完整、准确、清晰，无申报内容的栏目应以“/”表示，不得留空。

（1）报检单位（加盖公章）：指向检验检疫机构申报检验、检疫、鉴定业务的单位；报检单应加盖报检单位公章。

（2）编号：由报检登记人员填写。

（3）报检单位登记号：指在检验检疫机构登记的号码。

（4）联系人：填写报检单位联系人。

（5）电话：填写报检单位联系电话。

（6）报检日期：填写实际报检日期，填写格式为××××年××月××日。例如2017年1月1日，填写内容为："2017年01月01日"。

（7）发货人和收货人：按合同填写公司名称全称及地址。

（8）货物名称（中/外文）：按贸易合同或发票所列的货物名称，根据需要可填写型号、规格或牌号。货物名称不得填写笼统的商品类，如"陶瓷""玩具"等。货物名称必须填写具体的类别名称，如"日用陶瓷""塑料玩具"。不够位置填写的，可用附页的形式填报。

（9）H. S. 编码：指货物对应的海关商品代码。填写8位数或10位数。

（10）产地：指货物原始生产/加工的国家或地区名称。

（11）数/重量：填写报检货物的数/重量，重量一般填写净重。如填写毛重，或以毛重作净重则需注明。如数量为10桶，总重量为20kg，则填写"10桶/20KGS"。

（12）货物总值：按本批货物合同或报关单上所列的总值填写（以美元计）。如同一报检单报检多批货物，需列明每批货物的总值。（注：如申报货物总值与国内、国际市场价格有较大差异，检验检疫机构保留核价权力。）

（13）包装种类及数量：指本批货物运输包装的种类及件数。例如，包装种类为桶装，数量为10，即填写"10桶"。

（14）运输工具名称号码：填写货物实际装载的运输工具类别名称（如船、飞机、货柜车、火车等）及运输工具编号（船名、飞机航班号、车牌号码、火车车次）。

（15）贸易方式：一般贸易、来料加工、进料加工等。

（16）货物存放地点：填写货物存放地点，如××仓库、××码头等。

（17）合同号：指贸易双方就本批货物所签订的书面贸易合同编号。

（18）信用证号：填写实际信用证号码。

（19）用途：指本批货物的用途，如种用、食用、奶用、观赏或演艺、伴侣动物、实验、药用、饲用、其他等。

（20）发货日期：填写运输工具办结出境手续的日期，预报检可不填。

（21）输往国家（地区）：填写最终输往国家或地区。如有中转，在中转地未发生商业性交易或再加工的，填写最终输往国家或地区；如中转地发生商业性交易或再加工，则以中转地为输往国家（地区）进行填报。

（22）许可证/审批号：对实施许可证制度管理或者审批制度管理的货物，报检时填写许可证编号或审批单编号，一般商品可不填。

（23）启运地：指装运本批货物进境的交通工具的启运口岸或城市（地区）的名称。

（24）到达口岸：指装运本批货物的最终目的港，填写进口港中文名称。

（25）生产单位注册号：填写出入境检验检疫机构签发的卫生注册证书号或质量许可证号，没有可不填。

（26）集装箱规格、数量及号码：填写装载本批货物的集装箱规格（如 20 尺、40 尺等）以及分别对应的数量和集装箱号码。如一个 40 尺柜集装箱，号码为 TEXU8676881，则填写“1×40′/TEXU8676881”。

（27）合同、信用证订立的检验检疫条款或特殊条款：指贸易合同中双方对本批货物特别约定而订立的质量、卫生等条款和报检单位对本批货物检验检疫的特别要求。对需要证单的，须在此注明需要证单的名称，如没有则填“/”。

（28）标记及号码：按货物实际运输包装标记填写。如没有标记，填写“N/M”。标记栏不够位置填写时，可用附页填写。

（29）随附单据（画“√”或补填）：按实际向检验检疫机构提供的单据，在对应的“□”打“√”。对报检单上未标出的，须自行填写提供的单据名称。

（30）需要证单名称（画“√”或补填）：按照合同、信用证及有关国际条约规定必须经检验检疫机构检验并签发证书的，应在报检单上准确注明所需检验检疫证书的种类和数量。

（31）报检人郑重声明：必须有报检人的亲笔签名。

（32）领取证单：报检人在领取证单时填写领证日期并签名。

3. 单证填制

吉达货运的报检人员丁磊（电话：0755－8373××××）收到报检委托书后，根据相关材料向深圳出入境检验检疫局进行报检申请。完成后的报检单如下所示：

中华人民共和国出入境检验检疫
出境货物报检单

报检单位（加盖公章）：深圳潜映贸易有限公司　　　　*编号：

报检单位登记号：8373929293　　联系人：丁磊　　电话：0755–8373××××　　报检日期：2017年08月06日

发货人	（中文）	深圳潜映贸易有限公司
	（外文）	SHENZHEN QIANYING TRADE CO.,LTD. XINHUA INSURANCE BUILDING,MINTIAN ROAD,FUTIAN DISTRICT,SHENZHEN 5181000 CHINA
收货人	（中文）	德国汉堡FASA贸易有限公司
	（外文）	FASA TRADE CO., LTD. ALTONA 23 ,20543 HAMBURG, GERMANY

货物名称（中/外文）	H.S.编码	产地	数/重量	货物总值	包装种类及数量
圣诞帽 CHRISTMAS HAT	1257486552	深圳	500箱 /2280KGS	USD29900	500箱

运输工具名称号码	CICI EUSK V.9018	贸易方式	一般贸易	货物存放地点	—
合同号	QY01F170713EU	信用证号	QF14865502	用途	其他
发货日期	2017.8.13	输往国家（地区）	德国	许可证/审批号	—
启运地	深圳	到达口岸	汉堡	生产单位注册号	—
集装箱规格、数量及号码	1×20′/CIUS7362929				

合同、信用证订立的检验检疫条款或特殊条款	标记及号码	随附单据（画“√”或补填）	
—	CHRISTMAS HAT ART.NR.:PJ17SDMTH02	☑ 合同 ☑ 信用证 ☑ 发票 ☐ 换证凭单 ☑ 装箱单 ☐ 厂检单	☐ 包装性能结果 ☐ 许可/审批文件 ☐ ☐ ☐ ☐

（30）需要证单名称（画“√”或补填）		*检验检疫费	
☑ 品质证书　1 正 1 副 ☐ 重量证书　__正__副 ☐ 数量证书　__正__副 ☐ 兽医卫生证书　__正__副 ☐ 健康证书　__正__副 ☐ 卫生证书　__正__副 ☐ 动物卫生证书　__正__副	☐ 植物检疫证书　__正__副 ☐ 熏蒸/消毒证书　__正__副 ☐ 出境货物换证凭单 ☐ 出境货物通关单　__正__副 ☐ ☐ ☐	总金额（人民币元） 计费人 收费人	

报检人郑重声明： 1.本人被授权报检。 2.上列填写内容正确属实。货物无伪造或冒用他人的厂名、标志、认证标志，并承担货物质量责任。 签名：丁磊	领取证单 日期 签名

注：有“*”号栏由出入境检验检疫机关填写。

三、巩固与提高

2017 年 3 月 15 日，广东国际进出口贸易公司（十位登记号：5124785269，联系人：李平）收到提单号为 SOCO92588 的进口货物到货通知，计划 3 月 20 日卸货。公司于 3 月 19 日填制入境货物报检单，随附合同、发票箱单及提单向检验机关申请检验。进口商品为 AIR CONDITIONER（BREAK BRAND）（BREAK 牌空调），海关编码 84151021，用于外贸自营内销。本次运输的船名航次为 VolendamVoy. 0932，用三个 40ft 集装箱装运，现存放于广州市第二码头。请以李平的身份填制入境货物报检单。

CONTRACT

卖方（Sellers）：
A.B.C. TRADING CO. LTD.
P.O.BOX8935,NEW TERMINAL,LATA.VISTA,OTTAWA,CANADA

Contract No.: AB44001
Date: FEB.12,2017
Signed at: GUANGZHOU

买方（Buyers）：
GUANGDONG FOREIGN TRADE IMP.AND EXP. GRANDTON
267 TIANHE ROAD GUANGZHOU, CHINA
TEL: 86-020-3187××××

兹经买卖双方同意按下列条款成交：

The undersigned sellers and buyers have agreed to close the following transactions according to the terms and conditions stipulated below:

货号 Art. No.	品名及规格 Description	数量 Quantity	单价 Unit Price	金额 Amount
	AIR CONDITIONER（BREAK BRAND）			FOBC2 TORONTO
ART NO. P97811	KF-23GW	500PCS	USD 1000.00	USD 500000.00
ART NO. P97801	KF-25GW	500PCS	USD 1000.00	USD 500000.00
		1000PCS		USD 1000000.00

数量及总值均得有5%的增减，由卖方决定。

With 5 % more or less both in amount an quantity allowed at the seller's option.

总值

Total Value: USD 1000000.00（U. S. Dollars ONE MILLION ONLY）

包装

Packing: 1 PC PER CARTON

装运期

Time of Shipment: MAR.10,2017

装运口岸和目的地

Loading port & Destination：FROM TORONTO TO GUANGZHOU

保险由卖方按发票全部金额110%投保至　为止的　险。

Insurance: To be effected by sellers for 110% of full invoice value covering　up to　only.

付款条件：买方须于2017年3月10日前将不可撤销的，即期信用证开到卖方，议付有效期延至上列装运期后15天在中国到期，该信用证中必须注明允许分运及装运。

Terms of payment:

By Irrevocable, and Divisible Letter of Credit to be available by sight draft to reach the sellers before MAR.10,2017 and to remain valid for negotiation in China until the 15th day after the foresaid Time of Shipment. The L/C must specify that transshipment and partial shipments are allowed.

装船标记

Shipment Mark:A.B.C./GUANGZHOU/NOSI-1000/MADE IN CANADA

开立信用证时请注明我成交确认书号码。

When opening L/C, please mention our contract number.

备注

Remarks: THE CREDIT IS SUBJECT TO《UCP500》（1993 REVISION）

THE SELLER: THE BUYER：

四、自我评价

评价内容	自我评价		
	掌握	理解	模糊
报检单的作用			
根据案例正确填制代理报检委托书			
根据案例正确填制报检单			

第五节 报关单

一、报关单的认识

进出口货物报关单是指进出口货物收、发货人或其代理人，按照海关规定的格式对进出口货物的实际情况做出书面申明，以此要求海关对其货物按适用的海关制度办理通关手续的法律文书。它在对外经济贸易活动中具有十分重要的法律地位。它既是海关监管、征税、统计以及开展稽查和调查的重要依据，又是加工贸易进出口货物核销，以及出口退税和外汇管理的重要凭证，也是海关处理走私、违规案件，以及税务、外汇管理部门查处骗税和套汇犯罪活动的重要证书。

按货物的流转状态、贸易性质还有海关监管方式的不同，进出口货物报关单可以分为以下几种类型。

按进出口状态分：①进口货物报关单；②出口货物报关单。

按表现形式分：①纸质报关单；②电子数据报关单。

按使用性质分：①进料加工进出口货物报关单（粉红色）；②来料加工及补偿贸易进出口货物报关单（浅绿色）；③外商投资企业进出口货物报关单（浅蓝色）；④一般贸易及其他贸易进出口货物报关单（白色）；⑤需国内退税的出口贸易报关单（浅黄色）。

按用途分：①报关单录入凭单；②预录入报关单；③电子数据报关单；④报关单证明联。

二、报关单填制

1. 案例背景

2017 年 8 月 6 日，深圳潜映贸易有限公司（以下简称“潜映贸易”）的工作人员完成了一批圣诞帽（H. S. 编码：1257486552）的装箱任务。随后，关务组王璐把实际装箱情况和报关委托书发送到深圳吉达货运代理公司（以下简称“吉达货运”）进行报关。吉达货运的报关人员收到报关委托书后，即向深圳海关（5300）进行报关申请。

S/C NO.	QY01F170713EU	L/C NO.	QF14865502
托运人	深圳潜映贸易有限公司（SHENZHEN QIANYING TRADE CO.,LTD.XINHUA INSURANCE BUILDING,MINTIAN ROAD,FUTIAN DISTRICT,SHENZHEN 5181000 CHINA）		
包装方式	每件一个包装盒，20件装一个包装箱，共计500箱		
货物详情	货物名称：圣诞帽　货号：CM17SDMTH09　数量：500箱　净重：2280KGS 毛重：2300KGS　总体积：24M³　单价：2.99USD/件　总金额：29900USD 运费5%　保费：0.1%		
收货人	德国汉堡FASA贸易有限公司（FASA TRADE CO.,LTD.ALTONA 23,20543 HAMBURG,GERMANY.）		
标记	CHRISTMAS HAT ART.NR.:PJ17SDMTH02	LATEST DATE OF SHIP	170815
集装箱号	CIUS7362929	箱型	20/GP
箱重	2300KGS	成交方式	CFR HAMBURG
船名航次	CICI EUSK V.9018	船期	2017年8月13日

进出口货物代理报关委托书

编号：

委托单位	深圳潜映贸易有限公司			十位编码	7363839938
地　　址	深圳市福田区民田路新华保险大厦			联系电话	0755-2837××××
经 办 人	王　璐			身份证号	
我单位委托　深圳吉达货运代理公司 公司代理以下出口货物的报关手续，保证提供的报关资料真实、合法，与实际货物相符，并愿承担由此产生的法律责任					
货物名称	圣诞帽	商品编号	1257486552	件　　数	10000件
重　　量	2300KGS	价　　值	29900USD	币　　制	USD
贸易性质	一般贸易	货物产地	深圳	合 同 号	QY01F170713EU
是否退税	是	船名/航次	CICI EUSK V. 9018		
委托单位开户银行				账　　号	
随附单证名称、份数及编号：					
1.合同		1份			
2.发票		1份			
3.装箱清单		1份			
4.处境货物通关单		1份编号：245545127963			
5.许可证		1份编号：154682			
（以上内容由委托单位填写）					
被委托单位				十位编码	
地　　址				联系电话	
经 办 人				身份证号	
（以上内容由被委托单位填写）					
代理（专业）报关企业章及法人代表章				委托单位章及法人代表章	

2. 制单说明

<table>
<tr><td colspan="12">中华人民共和国海关出口货物报关单</td></tr>
<tr><td colspan="6">（1）预录入编号：</td><td colspan="6">（2）海关编号：</td></tr>
<tr><td colspan="3">（3）出口口岸</td><td colspan="4">（4）备案号</td><td colspan="3">（5）出口日期</td><td colspan="2">（6）申报日期</td></tr>
<tr><td colspan="3">（7）经营单位</td><td>（8）运输方式</td><td colspan="5">（9）运输工具名称</td><td colspan="3">（10）提运单号</td></tr>
<tr><td colspan="3">（11）发货单位</td><td>（12）贸易方式</td><td colspan="6">（13）征免性质</td><td colspan="2">（14）结汇方式</td></tr>
<tr><td colspan="3">（15）许可证号</td><td>（16）运抵国（地区）</td><td colspan="5">（17）指运港</td><td colspan="3">（18）境内货源地</td></tr>
<tr><td colspan="2">（19）批准文号</td><td>（20）成交方式</td><td>（21）运费</td><td colspan="5">（22）保费</td><td colspan="3">（23）杂费</td></tr>
<tr><td colspan="2">（24）合同协议号</td><td>（25）件数</td><td>（26）包装种类</td><td colspan="5">（27）毛重（kg）</td><td colspan="3">（28）净重（kg）</td></tr>
<tr><td colspan="3">（29）集装箱号</td><td colspan="3">（30）随附单证</td><td colspan="6">（31）生产厂家</td></tr>
<tr><td colspan="12">（32）标记唛码及备注</td></tr>
<tr><td>（33）
项号</td><td>（34）
商品编号</td><td colspan="2">（35）
商品名称、规格型号</td><td>（36）
数量及单位</td><td colspan="3">（37）
最终目的国（地区）</td><td>（38）
单价</td><td>（39）
总价</td><td>（40）
币制</td><td>（41）
征免</td></tr>
<tr><td colspan="12"></td></tr>
<tr><td colspan="12">（42）税费征收情况</td></tr>
<tr><td colspan="7">（43）录入员　（44）录入单位　兹声明以上申报无讹并承担法律责任
报关员
单位地址　（45）申报单位（签章）
邮编　电话　（46）填制日期</td><td colspan="5">海关审单批注及放行日期（签章）
审单　审价
征税　统计
查验　放行</td></tr>
</table>

（1）预录入编号：指申报单位或预录入单位对该单位填制录入的报关单的编号，用于该单位与海关之间引用其申报后尚未批准放行的报关单。

报关单录入凭单的编号规则由申报单位自行决定。预录入报关单及 EDI（电子数据交换）报关单的预录入编号由接受申报的海关决定编号规则，计算机自动打印。

（2）海关编号：指海关接受申报时给予报关单的编号。

海关编号由各海关在接受申报环节确定，应标识在报关单的每一联上。报关单海关编号为 9 位数码，其中前两位为分关（办事处）编号，第三位由各关自定义，后六位为顺序编号。各直属海关对进口报关单和出口报关单应分别编号，并确保在同一公历年度内，能按进口和出口唯一地标识本关区的每一份报关单。各直属海关的理单岗位可以对归档的报关单另行编制理单归档编号。理单归档编号不得在部门以外用于报关单标识。

（3）出口口岸：指货物实际出我国关境口岸海关的名称。

（4）备案号：指进出口企业在海关办理加工贸易合同备案或征减、免、税审批备案等手续时，海关给予进料加工登记手册、来料加工及中小型补偿贸易登记手册、外商投资企业履行产品出口合同进口料件及加工出口成品登记手册（以下均简称“登记手册”）、进出口货物征免税证明（以下简称“征免税证明”）或其他有关备案审批文件的编号。

一份报关单只允许填报一个备案号。

（5）出口日期：指运载所申报货物的运输工具办结出境手续的日期。本栏目供海关打印报关单证明联用。预录入报关单及 EDI 报关单均免于填报。无实际进出境的报关单填报办理申报手续的日期。

（6）申报日期：指海关接受出口货物的收、发货人或其代理人申请办理货物出口手续的日期。

（7）经营单位：指对外签订并执行进出口贸易合同的中国境内企业或单位。本栏目应填报经营单位名称及经营单位编码。经营单位编码为十位数字，指进出口企业在所在地主管海关办理注册登记手续时，海关给企业设置的注册登记编码。

（8）运输方式：指载运货物进出关境所使用的运输工具的分类。本栏目应根据实际运输方式按海关规定的常用运输方式代码表选择填报相应的运输方式。

常用运输方式代码表						
运输方式代码	0	1	2	3	4	5
运输方式名称	非保税区	监管仓库	江海运输	铁路运输	汽车运输	航空运输

（9）运输工具名称：指载运货物进出境的运输工具的名称或运输工具编号。本栏目填制内容应与运输部门向海关申报的载货清单所列相应内容一致。一份报关单只允许填报一个运输工具名称。

（10）提运单号：指进出口货物提单或运单的编号。本栏目填报的内容应与运输部门向海关申报的载货清单所列相应内容一致。一份报关单只允许填报一个提运单号，一票货物对应多个提运单时，应分单填报。

（11）发货单位：发货单位指出口货物在境内的生产或销售单位，已在海关注册登记的，本栏目应填报其中文名称及海关注册编码。

（12）贸易方式（监管方式）：本栏目应根据实际情况，并按海关规定的常用贸易方式代码表选择填报相应的贸易方式简称或代码。一份报关单只允许填报一种贸易方式。

常用贸易方式代码表			
0110	一般贸易	2600	暂时进出货物
0214	来料加工	3010	货样广告品 A
0615	进料加工	3100	无代价抵偿
2025	合资合作设备	4500	直接退运
2225	外资设备物品	4561	退运货物

（13）征免性质：指海关对进出口货物实施征、减、免税管理的性质类别。本栏目应按照海关核发的征免税证明中批注的征免性质填报，或根据实际情况按海关规定的常用征免性质代码表选择填报相应的征免性质简称或代码。一份报关单只允许填报一种征免性质。

常用征免性质代码表			
101	一般征税	601	中外合资
299	其他法定	602	中外合作
401	科教用品	603	外资企业
502	来料加工	789	鼓励项目
503	进料加工	799	自有资金

（14）结汇方式：出口货物的发货人或其代理人收结外汇的方式。本栏目应按海关规定的常用结汇方式代码表选择填报相应的结汇方式名称或代码。

常用结汇方式代码表						
代码	1	2	3	4	5	6
结汇方式	信汇	电汇	票汇	付款交单	承兑交单	信用证
英文缩写	M/T	T/T	D/D	D/P	D/A	L/C

（15）许可证号：应申领出口许可证的货物，必须在此栏目填报外经贸部及其授权发证机关签发的出口货物许可证的编号，不得为空。一份报关单只允许填报一个许可证号。

（16）运抵国（地区）：运抵国（地区）指出口货物直接运抵的国家（地区）。本栏目应按海关规定的常用国别（地区）代码表选择填报相应的运抵国（地区）中文名称或代码。无实际进出境的，本栏目填报“中国”（代码“142”）。

常用国别（地区）代码表			
110	中国香港	303	英国
116	日本	304	德国
133	韩国	305	法国
142	中国	502	美国
143	台澎金马关税区	601	澳大利亚

对发生运输中转的货物，如中转地未发生任何商业性交易，则起、抵地不变，如中转地发生商业性交易，则以中转地作为起运/抵运国（地区）填报。

（17）指运港：指出口货物运往境外的最终目的港。

（18）境内货源地：指出口货物在国内的产地或原始发货地。

（19）批准文号：出口报关单本栏目用于填报出口收汇核销单编号。

（20）成交方式：本栏目应根据实际成交价格条款按海关规定的成交方式代码表选择填报相应的成交方式代码。

成交方式代码表			
代码	成交方式	代码	成交方式
1	CIF	4	C&I
2	CFR（C&F）	5	市场价
3	FOB	6	垫仓

（21）运费：本栏目用于成交价格中不包含运费的进口货物或成交价格中含有运费的出口货物，应填报该份报关单所含全部货物的国际运输费用。可按运费单价、总价或运费率三种方式之一填报，同时注明运费标记，并按海关规定的常用货币代码表选

择填报相应的币种代码。

常用货币代码表					
110	142	502	116	303	300
港币	人民币	美元	日元	英镑	欧元
HKD	CNY	USD	JPY	GBP	EUR

运保费合并计算的，运保费填报在本栏目。

运费填报方式			
运费标记	表示项目	填报方式	举例说明
1	运费率	运费率的数值	5%的保费率填报“5”
2	运费单价	货币代码/单价数值/2	24美元的保费单价填报502/24/2
3	运费总价	货币代码/运费总价/3	7000美元的保费总价填报502/7000/3

（22）保费：本栏目用于成交价格中不包含保险费的进口货物或成交价格中含有保险费的出口货物，应填报该份报关单所含全部货物国际运输的保险费用。可按保险费总价或保险费率两种方式之一填报，同时注明保险费标记，并按海关规定的常用货币代码表选择填报相应的币种代码。运保费合并计算的，运保费填报在运费栏目中。

保费填报方式			
保费标记	表示项目	填报方式	举例说明
1	保费率	保费率的数值	3‰的保费率填报“0.3”
3	保费总价	货币代码/保费总价/3	10000港元的保费总价填报110/10000/3

（23）杂费：指成交价格以外的、应计入完税价格或应从完税价格中扣除的费用，如手续费、佣金、回扣等，可按杂费总价或杂费率两种方式之一填报，同时注明杂费标记，并按海关规定的常用货币代码表选择填报相应的币种代码。

应计入完税价格的杂费填报为正值或正率，例如，应计入完税价格的1.5%的杂费率填报为“1.5”；应从完税价格中扣除的杂费填报为负值或负率，例如，应从完税价格中扣除的1%的回扣率填报为“－1”。

杂费填报方式				
标记	表示项目	填报方式	计入完税价格中	从完税价格中扣除的
1	杂费率	杂费率的数值	1.5%的杂费率填报为1.5	1%的回扣率填报为 -1
3	杂费总价	货币代码/杂费总价/3	500英镑总价填报为303/500/3	303/ -500/3

（24）合同协议号：本栏目应填报出口货物合同号码。

（25）件数：本栏目应填报有外包装的出口货物的实际件数。

（26）包装种类：本栏目应根据出口货物的实际外包装种类。

（27）毛重（kg）：指货物及其包装材料的重量之和。本栏目填报出口货物实际毛重，计量单位为kg，不足1kg的填报为1。

（28）净重（kg）：指货物的毛重减去外包装材料后的重量，即商品本身的实际重量。本栏目填报出口货物的实际净重，计量单位为kg，不足kg的填报为1。

（29）集装箱号：在每个集装箱箱体两侧标示的全球唯一的编号。本栏的填报方式为："集装箱号" + "/" + "规格" + "/" + "自重"，如"TBXU3605231/20/2280"表示1个标准集装箱；在多于一个集装箱的情况下，其余集装箱以相同的格式填写在标记唛码即备注栏中，非集装箱货物填报"0"。

（30）随附单证：指随出口货物报关单一并向海关递交的单证或文件，合同、发票、装箱单、许可证等必备的随附单证不在本栏目填报。本栏目应按海关规定的常用监管证件名称代码表选择填报相应证件的代码。

常用海关监管证件名称代码表			
代码	监管证件名称	代码	监管证件名称
A	入境货物通关单	1	进口许可证
B	出境货物通关单	4	出口许可证
Y	原产地证明	7	自动进口许可证

（31）生产厂家：填写出口货物的境内生产企业。

（32）标记唛码及备注：本栏目上部用于打印标记唛码中除图形以外的文字、数字，填写以案例背景要求为准。

（33）项号：本栏目分两行填报及打印。第一行打印报关单中的商品排列序号；第二行专用于加工贸易等已备案的货物，填报和打印该项货物在登记手册中的项号。

（34）商品编号：指按海关规定的商品分类编码规则确定的出口货物的商品编号。

（35）商品名称、规格型号：本栏目分两行填报及打印，第一行打印出口货物规范的中文商品名称；第二行打印规格型号，必要时可加注原文。

（36）数量及单位：指出口商品的实际数量及计量单位。本栏目分三行填报及打印。进出口货物必须按海关法定计量单位填报。法定第一计量单位及数量，打印在本栏目第一行；凡海关列明第二计量单位的，必须报明该商品第二计量单位及数量，打印在本栏目第二行，无第二计量单位的，本栏目第二行为空；成交计量单位与海关法定计量单位不一致时，还需填报成交计量单位及数量，打印在商品名称、规格型号栏下方（第三行），成交计量单位与海关法定计量单位一致时，本栏目第三行为空。

（37）最终目的国（地区）：指已知的出口货物的最终实际消费、使用或进一步加工制造国家（地区）。本栏目应按海关规定的常用国别（地区）代码表选择填报相应的国家（地区）名称或代码。

（38）单价：本栏目应填报同一项号下出口货物实际成交的商品单位价格。

（39）总价：本栏目应填报同一项号下出口货物实际成交的商品总价。

（40）币制：指出口货物实际成交价格的币种。本栏目应根据实际成交情况按海关规定的常用货币代码表选择填报相应的货币名称或代码。

（41）征免：指海关对出口货物进行征税、减税、免税或特案处理的实际操作方式。

（42）税费征收情况：本栏目供海关批注出口货物税费征收及减免情况。

（43）录入员：本栏目用于预录入和 EDI 报关单，打印录入人员的姓名。

（44）录入单位：本栏目用于预录入和 EDI 报关单，打印录入单位名称。

（45）申报单位：本栏目指报关单左下方用于填报申报单位有关情况的总栏目。申报单位指对申报内容的真实性直接向海关负责的企业或单位。自理报关的，应填报出口货物的经营单位名称及代码；委托代理报关的，应填报经海关批准的专业或代理报关企业名称及代码。

（46）填制日期：指报关单的填制日期。预录入和 EDI 报关单由计算机自动打印。本栏日为 6 位数，顺序为年、月、日，各 2 位数。

3. 单证填制

吉达货运的报关人员根据客户提供的报关委托书及相关材料填制《中华人民共和国海关出口报关单》进行报关。完成后的报关单如下所示：

<table>
<tr><td colspan="12">中华人民共和国海关出口货物报关单
预录入编号：　　　　海关编号：</td></tr>
<tr><td colspan="3">出口口岸（5300）
深圳海关</td><td colspan="3">备案号</td><td colspan="3">出口日期
170813</td><td colspan="3">申报日期
170806</td></tr>
<tr><td colspan="3">经营单位
深圳潜映贸易有限公司736383××××</td><td colspan="2">运输方式（2）
江海运输</td><td colspan="4">运输工具名称
CICI EUSK V.9018</td><td colspan="3">提运单号</td></tr>
<tr><td colspan="3">发货单位
深圳潜映贸易有限公司736383××××</td><td colspan="2">贸易方式（0110）
一般贸易</td><td colspan="4">征免性质（101）
一般征税</td><td colspan="3">结汇方式（6）
信用证</td></tr>
<tr><td colspan="3">许可证号</td><td colspan="2">运抵国（地区）（304）
德国</td><td colspan="4">指运港
汉堡</td><td colspan="3">境内货源地
深圳</td></tr>
<tr><td colspan="2">批准文号</td><td>（20）成交方式（2）
CFR</td><td colspan="2">运费
5</td><td colspan="4">保费
0.1</td><td colspan="3">杂费</td></tr>
<tr><td colspan="2">合同协议号
QY01F170713EU</td><td>（25）件数
500</td><td colspan="2">包装种类
纸箱</td><td colspan="4">毛重（kg）
2300</td><td colspan="3">净重（kg）
2280</td></tr>
<tr><td colspan="3">集装箱号
CIUS7362929/20/2300</td><td colspan="5">随附单证
B：245545127963</td><td colspan="4">生产厂家
深圳潜映贸易有限公司</td></tr>
<tr><td colspan="12">标记唛码及备注
CHRISTMAS HAT
ART.NR.：PJ17SDMTH02</td></tr>
<tr><td>项号</td><td>商品编号</td><td>商品名称、规格型号</td><td>数量及单位</td><td colspan="2">最终目的国（地区）</td><td>单价</td><td>总价</td><td>币制</td><td colspan="3">征免</td></tr>
<tr><td>01</td><td>1257486552</td><td>圣诞帽
CM17SDMTH09</td><td>10000件</td><td colspan="2">德国</td><td>2.99</td><td>29900</td><td>美元</td><td colspan="3">照章征税</td></tr>
<tr><td colspan="12">税费征收情况</td></tr>
<tr><td colspan="3">录入员　　录入单位

报关员

单位地址

邮编　　电话</td><td colspan="5">兹声明以上申报无讹并承担法律责任

申报单位（签章）

填制日期 170806</td><td colspan="4">海关审单批注及放行日期（签章）
审单　　审价
征税　　统计
查验　　放行</td></tr>
</table>

三、巩固与提高

根据所给材料制作出口货物报关单。

1. 合同

销售合同
SALES CONTRACT

卖方 SELLER: NANJING TANG TEXTILE GARMENT CO.,LTD.
HUARONG MANSION RM2901 NO.85
GUANJIAQIAO.NANJING 210005.CHINA

编号 NO.: F01LCB05127
日期 DATE: Mar.1,2006
地点 SICNED IN: NANJING,CHINA

买方 BUYER: FASHION FORCE CO., LTD
P.O.BOX 8935 NEW TERMINAI, ALTA,
VISTA OITAWA,CANADA

买卖双方同意以下条款达成交易：
This contract is made by and agreed between the BUYER and SELLER,in accordance with the terms and conditions stipulated below.

1.商品号 Art No.	2.品名及规格 Commodiry & Specification	3.数量 Quantity	4.单价及价格条款 Unit Price & Trade Terms	5.金额 Amount
			CIF MONTREAL,CANADA	
46-30LA	LADIES COTTON BLAZER (100% OOTTON, 40SX20/140X60)	2550PCS	USD12.80	USD32640.00
		Total:	USD12.80	USD32640.00

允许 With 3% 溢短装，由卖方决定 More or less of shipment allowed at the sellers' option

6.总值 Total Value: USD THIRTY TWO THOUSAND SIX HUNDRED AND FORTY ONLY.

7.包装 Packing: CARTON

8.唛头 Shipping Marks: FASHION FORCE
F01LCB05127
CTN NO.
MONTREAL
MADE IN CHINA

9.装运期及运输方式 Time of Shipment & Means of Transportation: NOT LATER THAN MAR.25. 2006 BY VESSEL

10.装运港及目的地 Port of Loading & Destination: FROM: SHANGHAI
TO: MONTREAL

11.保险 Insurance: FOR 110% CIF INVOICE VALUE COVERING ALL RISKS, INSTITUTE CARGO CLAUSES, INSTITUTE STRIKES, INSTITUTE WAR CLAUSES AND CTVIL OOMMOTIONS CLAUSES.

12.付款方式 Temrs of Payment: BY IRREVOCABLE LETTER OF CREDIT TO BE OPENED BY FULL AMOUNT OF S/C, PAYMENT AT SIGHT DOCUMENT TO BE PRESENTED WITHIN 21 DAYS AFTER DATE OF B/L AT BENEFICIARY'S ACCOUNT

13.备注 Remarks: 1.PARTIAL SHIPMENTS: NOT ALLOWED.
2.TRANSSHIPMENT: ALLOWED.

The Buyer
FASHION FOR.CE CO.,LTD.

Tbe Seller
NANJING TANG TEXTILE GARMENT CO.,LTD.

2. 商业发票

<table>
<tr><td colspan="2">ISSUER
NANJING TANG TEXTILE GARMENT CO.,LTD.
HUARONG MANSION RM2901 NO.85 GUANJIAQIAO,
NANJING 210005, CHINA</td><td colspan="3">商业发票

COMMERCIAL INVOICE</td></tr>
<tr><td colspan="2">TO
FASHION FORCE CO.,LTD.
P.O.BOX 8935 NEW
TERMINAL, ALTA,
VISTA OTTAWA, CANADA</td><td>NO.
NT01FF004</td><td colspan="2">DATE
Mar.9, 2006</td></tr>
<tr><td colspan="2" rowspan="2">TRANSPORT DETAILS
SHIPMENT FROM SHANGHAI TO MONTREAL BY VESSEL</td><td>S/C NO.
F01LCB05127</td><td colspan="2">L/C NO.
63211020049</td></tr>
<tr><td colspan="3">TERMS OF PAYMENT
L/C AT SIGHT</td></tr>
<tr><td rowspan="2">Marks and Numbers</td><td rowspan="2">Number and kind of package
Description of goods</td><td rowspan="2">Quantity</td><td>Unit Price</td><td>Amount</td></tr>
<tr><td colspan="2">USD</td></tr>
<tr><td></td><td></td><td colspan="3">CIF MONTREAL, CANADA</td></tr>
<tr><td>FASHION FORCE
F01LCB05127
CTN NO.
MONTREAL
MADE IN CHINA</td><td>LADIES COTTON BLAZER
（100% COTTON,40SX20/140X60）</td><td>2550PCS</td><td>USD12.80</td><td>USD32640.00</td></tr>
<tr><td></td><td>Total:</td><td>2550PCS</td><td></td><td>USD32640.00</td></tr>
<tr><td colspan="5">SAY TOTAL: USD THIRTY TWO THOUSAND SIX HUNDRED AND FORTY ONLY

SALES CONDITIONS: CIF MONTREAL/CANADA
SALES CONTRACT NO. F01LCB05127
LADIES COTTON BLAZER（100% COTTON, 40SX20/140X60）
STYLE NO. PO NO. QTY/PCS USD/PC
46–301A 10337 2550 12.80

（出口商签字和盖单据章）</td></tr>
</table>

3. 装箱单

南 京 唐 朝 纺 织 服 装 有 限 公 司
NANJING TANG TEXTILE GARMENT CO.,LTD.

PACKING LIST

TO: FASHION FORCE CO., LTD.
P.O.BOX 8935 NEW TERMINAL,ALTA,
VISTA OTTAWA,CANADA

INVOICE NO.: NT01FF004
INVOICE DATE: 2006-03-09

S/C NO.: F01LCB05127
S/C DATE: 2006-03-01

FROM: SHANGHAI　　TO: MONTREAL
Letter of Credit No.: 63211020049　　Date of Shipment: 2006-03-20

CIN NO	CTNS	DESIGNS/ COLORS	STYLE NO	SIZE ASSORTMENT PER CARTON						PCS /CNT	TOTAL PCS /CNTS	G.W. /CTN	N.W. /CTN	MEAS. /CTN	CBM /CTN
				10	12	14	16	18	20						
1/18	18	BLACK	46-301A	14						14	252	15	10	97×72×12	0.084
19/56	38	BLACK			14					14	532				
57/106	50	BLACK				13				13	650			98×76×12	0.089
107/149	43	BLACK					12			12	516				
150/175	25	BLACK						12		12	300			99×80×11	0.087
176/194	19	BLACK							12	12	228				
196	1	WHITE		11						11	11				0.084
197	1	WHITE			9	3				12	12				
198	1	WHITE				13				13	13				0.089
199	1	WHITE				3	9			12	12				
200	3	WHITE						4		4	12				0.087
201	1	WHITE						2	10	12	12				
TOTAL	201										2550	3015	2010		17.51

SHIPPING MARKS:
FASHION FORCE
F01LCB05127
CTN NO.
MONTREAL
MADE IN CHINA
SALES CONDITIONS: CIF MONTREAL/CANADA
SALES CONTRACT NO.F01LCB05127
LADIES COTTON BLAZER(100%COTTON,40SX20/140X60)

STYLE NO.	PO NO.	QTY/PCS	USD/PC
46-301A	10337	2550	12.80

4. 出境货物换证凭单

中华人民共和国出入境检验检疫
出境货物换证凭单

类别：口岸申报换证　　　　　　　　　　　　　　　　编号：320100202007610

发货人	南京唐朝纺织服装有限公司		标记及号码 FASHION FORCE F01LCB05127 CTN NO. MONTREAL MADE IN CHINA
收货人	×××		
品名	女式全棉上衣		
H.S.编码	62043200.90		
报检数/重量	–2550件–		
包装种类及数量	纸箱–201–		
申报总值	–32640–美元		
产地	江苏省无锡市	生产单位（注册号）	无锡季节制衣有限公司
生产日期	2006年3月	生产批号	3201FZ21802003
包装性能检验结果单号	340400301000200	合同/信用证号	F01LCB05127/63211020049
		运输工具名称及号码	×××
输往国家或地区	加拿大	集装箱规格及数量	××× ×××
发货日期	2006.03	检验依据	SN/T 0557–1996及合同

检验检疫结果	本批货物共201箱2550件，经按SN/T 0557–1996标准的要求，随机抽取代表性样品8箱101件，根据上述检验依据进行检验，结果如下： 款号：46–301A 色号：黑色、白色 规格：10–12–14–16–18 上述货物经检验，符合检验依据要求。 （出入境检验检疫局检验检疫专用章） 签字：王天皓　　　　日期：　2017　年　3　月　13　日
本单有效期	截至 2006 年 3 月 12 日
备注	产地标识查验符合规定

分批出境核销栏	日期	出境数/重量	结存数/重量	核销人	日期	出境数/重量	结存数/重量	核销人

说明：1.货物出境时，经口岸检验检疫机关查验货证相符，且符合检验检疫要求的予以签发通关单或换发检验检疫证书；2.本单不作为国内贸易的品质或其他证明；3.涂改无效。

四、自我评价

评价内容	自我评价		
	掌握	理解	模糊
报关单的作用			
根据案例正确填制报关委托书			
根据案例正确填制报关单			

第六节 提 单

一、提单的认识

提单是指用以证明海上货物运输合同和货物已经由承运人接收或者装船，保证据以交付货物的单证，以及承运人提单是作为承运人和托运人之间处理运输中双方权利和义务的依据。

提单具有以下三项主要功能。

（1）货物收据。对于将货物交给承运人运输的托运人，提单具有货物收据的功能。承运人不仅对于已装船货物负有签发提单的义务，而且根据托运人的要求，即使货物尚未装船，只要货物已在承运人掌管之下，承运人也有签发一种被称为“收货待运提单”的义务。所以，提单一经承运人签发，即表明承运人已将货物装上船舶或已确认接管货物。

（2）物权凭证。对于合法取得提单的持有人，提单具有物权凭证的功能。提单的合法持有人有权在目的港以提单相交换来提取货物，而承运人只要出于善意，凭提单发货，即使持有人不是真正货主，承运人也无责任。而且，除非在提单中指明，提单可以不经承运人的同意而转让给第三者，否则提单的转移就意味着物权的转移，连续背书可以连续转让。

（3）合同成立的证明文件。提单上印就的条款规定了承运人与托运人之间的权利、义务，而且提单也是法律承认的处理有关货物运输的依据，因而提单本身常被人们认为就是运输合同。

二、提单填制

1. 案例背景

2017 年 7 月 13 日，深圳潜映贸易有限公司（以下简称“潜映贸易”）与德国汉堡 FASA 贸易有限公司签订销售确认书，约定出口一批圣诞帽。潜映贸易委托深圳吉达货运代理公司（以下简称“吉达货运”）完成这批货物的出口代理操作。2017 年 8 月 4 日，吉达货运通过网上订舱向 CICI 船公司订舱。CICI 船公司的客服人员与吉达货运确认过订舱信息后，发放了订舱确认单给吉达货运。2 天后，吉达货运从堆场提空箱到潜映贸易进行装箱，并根据相关信息完成了报关报检等业务。2017 年 8 月 11 日，货物顺利装船，CICI 船公司根据吉达货运提供的相关信息制作了编号为 CUSY837297 的提单，提单为一式三份的正本提单。货物交接方式为 CY—CY（场到场）。

S/C NO.	QYO1F170713EU	L/C NO.	QF14865502
托运人	深圳潜映贸易有限公司（SHENZHEN QIANYING TRADE CO.,LTD.XINHUA INSURANCE BUILDING,MINTIAN ROAD,FUTIAN DISTRICT,SHENZHEN 5181000 CHINA）		
包装方式	每件一个包装盒，20件装一个包装箱，共计500箱		
货物详情	货物名称：圣诞帽　货号：CM17SDMTH09　数量：500箱　净重：2280KGS 毛重：2300KGS　总体积：24M³　单价：2.99USD/件　总金额：29900USD 运费：5%　保费：0.1%		
收货人	德国汉堡FASA贸易有限公司（FASA TRADE CO.,LTD.ALTONA 23,20543 HAMBURG,GERMANY）		
标记	CHRISTMAS HAT ART.NR.:PJ17SDMTH02	货物详情	CHRISTMAS HAT ART.NR.:PJ17SDMTH02 CONTRACT NO .QY01F170713EU CFR HAMBURG
集装箱号	CIUS7362929	箱型	20/GP
装货港	YANTIAN	卸货港	HAMBURG
船名航次	CICI EUSK V.9018	船期	2017年8月13日

词汇

Shipper	发货人	Consignee	收货人
Notify Party	被通知人	Pre-carriage	前段运输
Place of Receipt	接收地点	Ocean Vessel Voy. NO.	船名航次
Port of Loading	装运港	Port of Discharge	卸货港
Place of Delivery	目的地	B/L No	提单号码
Marks	唛头	Nos. & Kind of Package	包装种类与件数
Description of Goods	货描	Gross Weight	毛重
Measurement	体积	Freight & Charges	费用支付
Place and Date of Issue	提单签发时间地点	Number of Original B/L	正本提单数量
Total Numbers of Packages	总件数		

2. 制单说明

<table>
<tr><td colspan="2">（1）SHIPPER</td><td colspan="3">（10）B/L NO.</td></tr>
<tr><td colspan="2"></td><td colspan="3" rowspan="5">CICI
CICI SHIPPING CO.</td></tr>
<tr><td colspan="2">（2）CONSIGNEE</td></tr>
<tr><td colspan="2"></td></tr>
<tr><td colspan="2">（3）NOTIFY PARTY</td></tr>
<tr><td colspan="2"></td></tr>
<tr><td>（4）PRE-CARRIAGE BY</td><td>（5）PLACE OF RECEIPT</td><td colspan="3" rowspan="6">ORIGINAL
Combined Transport Bill of Lading</td></tr>
<tr><td></td><td></td></tr>
<tr><td>（6）OCEAN VESSEL VOY. NO.</td><td>（7）PORT OF LOADING</td></tr>
<tr><td></td><td></td></tr>
<tr><td>（8）PORT OF DISCHARGE</td><td>（9）PLACE OF DELIVERY</td></tr>
<tr><td></td><td></td></tr>
<tr><td>（11）MARKS</td><td>（12）NOS. & KINDS OF PACKAGES</td><td>（13）DESCRIPTION OF GOODS</td><td>（14）G.W.（KG）</td><td>（15）MEAS（M³）</td></tr>
<tr><td></td><td></td><td></td><td></td><td></td></tr>
<tr><td colspan="3">（16）TOTAL NUMBERS OF PACKAGES（IN WORDS）</td><td colspan="2"></td></tr>
<tr><td colspan="2">（17）FREIGHT & CHARGES</td><td colspan="3"></td></tr>
<tr><td colspan="2">（18）PLACE AND DATE OF ISSUE</td><td colspan="3"></td></tr>
<tr><td>（19）NUMBER OF ORIGINAL B/L</td><td></td><td colspan="3">SIGNED FOR THE CARRIER
CICI
CICI SHIPPING CO.</td></tr>
</table>

（1）Shipper：即与承运人签订运输契约、委托运输的货主，即发货人。在信用证支付方式下，一般以受益人为托运人；托收方式下，以托收的委托人为托运人。

（2）Consignee：收货人要按合同和信用证的规定来填写。

（3）Notify Party：原则上该栏一定要按信用证的规定填写。被通知人即收货人的代理人或提货人，货到目的港后承运人凭该栏提供的内容通知其办理提货，因此，提单的被通知人一定要有详细的名称和地址，供承运人或目的港及时通知其提货。若 L/C

中未规定明确地址，为保持单证一致，可在正本提单中不列明，但要在副本提单上写明被通知人的详细地址。托收方式下的被通知人一般填托收的付款人。

（4）Pre - carriage by：前段运输是指联合运输过程中在装货港装船前的运输。

（5）Place of Receipt：实际接收货物的地点。如果是在工厂装箱就直接写工厂名称（如果是在堆场就写堆场名称）。可以是内陆点，也可以是头程船启运港。

（6）Ocean Vessel Voy. NO.：填写实际的船名航次。

（7）Port of Loading：填实际装运货物的装运港。

（8）Port of Discharge：填写货物的卸货港。

（9）Place of Delivery：填写货物最终的交货地的城市名称，或地区名称。卸货港和目的地可以相同，也可以不同。

（10）B/L No.：提单号码一般位于提单的右上角，是为便于工作联系和核查承运人对发货人所发货物承运的编号。

（11）Marks：唛头如果信用证有明确规定，则按信用证缮打；信用证没有规定，则按买卖双方的约定，或由卖方决定缮制，并注意做到单单一致。

（12）Nos. & Kinds of Packages：包装与件数。一般散装货物该栏只填"In Bulk"，大写件数栏可留空不填。单位件数与包装都要与实际货物相符，并在大写合计数内填写英文大写文字数目。

（13）Description of Goods：原则上提单上的商品描述应按信用证规定填写并与发票等其他单据相一致。但若信用证上货物的品名较多，提单上允许使用类别总称来表示商品名称。如出口货物有餐刀、水果刀、餐叉、餐匙等，信用证上分别列明了各种商品名称、规格和数量，但包装都用纸箱，提单上就可以笼统写：餐具××Cartons。

（14）G. M.（Gross Weight）：除非信用证有特别规定，提单上一般只填货物的总毛重，而不表明净重。

（15）MEAS（Measurement）：提单上一般只填货物总体积，而不表明单位体积，一般体积用立方米表示。

（16）Total Numbers of Packages（in Words）：如总件数为320，CARTONS填写在该栏项下，然后在大写栏填写：Three hundred And Twenty Cartons only。如果货物包括两种以上不同包装单位（如纸箱、铁桶），应分别填列不同包装单位的数量，然后再表示件数，如：

300　　Cartons

400　　Iron Drums

700　　Packages

（17）Freight & Charges：信用证下提单的运费支付情况，按其规定填写。一般根据成交的价格条件分为两种：在 CIF 和 CFR 条件下，则注明“Freight Prepaid”或“Freight Paid”；在 FOB 条件下则填“Freight Collect”或“Freight Payable at Destination”。若租船契约提单有时要求填“Freight Payable as Per Charter Party”。有时信用证还要求注明运费的金额，按实际运费支付额填写即可。

（18）Place and Date of Issue：提单的签发地点一般在货物运港所在地，日期则按信用证的装运期要求，一般要早于或与装运期为同一天。

（19）Number of Original B/L：信用证支付方法下提单正本的签发份数一般都有明确规定，因此，一定要按信用证的规定出具要求的份数。

3. 单证填制

CICI 船公司根据吉达货运提供的相关信息制作了编号为 CUSY837297 的提单。完成后的提单如下所示：

<table>
<tr><td colspan="2">SHIPPER</td><td>B/L NO.</td><td colspan="2">CUSY837297</td></tr>
<tr><td colspan="2">SHENZHEN QIANYING TRADE CO.,LTD.
XINHUA INSURANCE BUILDING,MINTIAN ROAD,
FUTIAN DISTRICT,SHENZHEN 5181000 CHINA</td><td colspan="3" rowspan="11">CICI
CICI SHIPPING CO.

ORIGINAL

Combined Transport Bill of Lading</td></tr>
<tr><td colspan="2">CONSIGNEE</td></tr>
<tr><td colspan="2">FASA TRADE CO.,LTD.
ALTONA 23,20543 HAMBURG,GERMANY</td></tr>
<tr><td colspan="2">NOTIFY PARTY</td></tr>
<tr><td colspan="2">FASA TRADE CO.,LTD.
ALTONA 23,20543 HAMBURG,GERMANY</td></tr>
<tr><td>PRE–CARRIAGE BY</td><td>PLACE OF RECEIPT</td></tr>
<tr><td></td><td>TANTIAN</td></tr>
<tr><td>OCEAN VESSEL
VOY. NO.</td><td>PORT OF
LOADING</td></tr>
<tr><td>CICI EUSK V.9018</td><td>YANTIAN</td></tr>
<tr><td>PORT OF
DISCHARGE</td><td>PLACE OF
DELIVERY</td></tr>
<tr><td>HAMBURG</td><td>HAMBURG</td></tr>
<tr><td>MARKS</td><td>NOS. & KINDS
OF PACKAGES</td><td>DESCRIPTION OF
GOODS</td><td>G.W.（KG）</td><td>MEAS（M^3）</td></tr>
<tr><td>CHRISTMAS HAT
ART .NR .:PJ17
SDMTH02</td><td>500CTNS</td><td>CHRISTMAS HAT
ART.NR.:PJ17SDMTH02
CONTRACT
NO.QY01F170713EU
CFR HAMBURG</td><td>2300</td><td>24</td></tr>
<tr><td colspan="3">TOTAL NUMBERS OF PACKAGES（IN WORDS）</td><td colspan="2">FIVE HUNDRED CARTONS ONLY</td></tr>
<tr><td colspan="2">FREIGHT & CHARGES</td><td colspan="3">PREPAID</td></tr>
<tr><td colspan="2">PLACE AND DATE OF ISSUE</td><td colspan="3">2017.8.11 SHENZHEN</td></tr>
<tr><td>NUMBER OF
ORIGINAL B/L</td><td>THREE</td><td colspan="3">SICNED FOR THE CARRIER

CICI
CICI SHIPPING CO.</td></tr>
</table>

三、巩固与提高

香港蓝天进出口公司（HONGKONG BLUE SKY IMPORT&EXPORT CORPORATION. 地址：5 How Ming Street，Kwun Tong，Kowloon，HONGKONG）是一家具有进出口经营权的公司，该公司与美国 DELTA 贸易有限公司（DELTA AMERICAN MANHATTAN

TRADE CO.,LTD. 地址：22113 Manhattan 20457 NEW YORK，USA）在经过反复磋商与谈判后，从价格、装卸条款、货款结算、保险以及相关费用等方面达成一致。2017 年 2 月 4 日双方签订了交易合同。2017 年 4 月 30 日，货物全部装船并开始运输，船公司根据相关信息为香港蓝天进出口公司签发提单。请根据相关信息完成提单的填制。

相关信息：

货物名称：石材制品（CHINESE GRANITE PRODUCTS）

货物总体积：27.945m^3

货物总重：75790kg

货物净重：75000kg

货物数量：5370 件，56 箱

装运港：香港（HONGKONG）

目的港：纽约港（NEW YORK）

船名航次：BUNT 876 V.102e

提单号：TRLP62912356

集装箱号：BUNT4597787 ×1（1）

集装箱规格及数量：1 ×20′GP

运费：预付

提单签发日期：2017 年 4 月 28 日

货物交接方式：CY – CY

四、自我评价

评价内容	自我评价		
	掌握	理解	模糊
提单的主要功能			
提单的流转程序			
根据案例正确填制提单			

第四章　综合练习

练习一

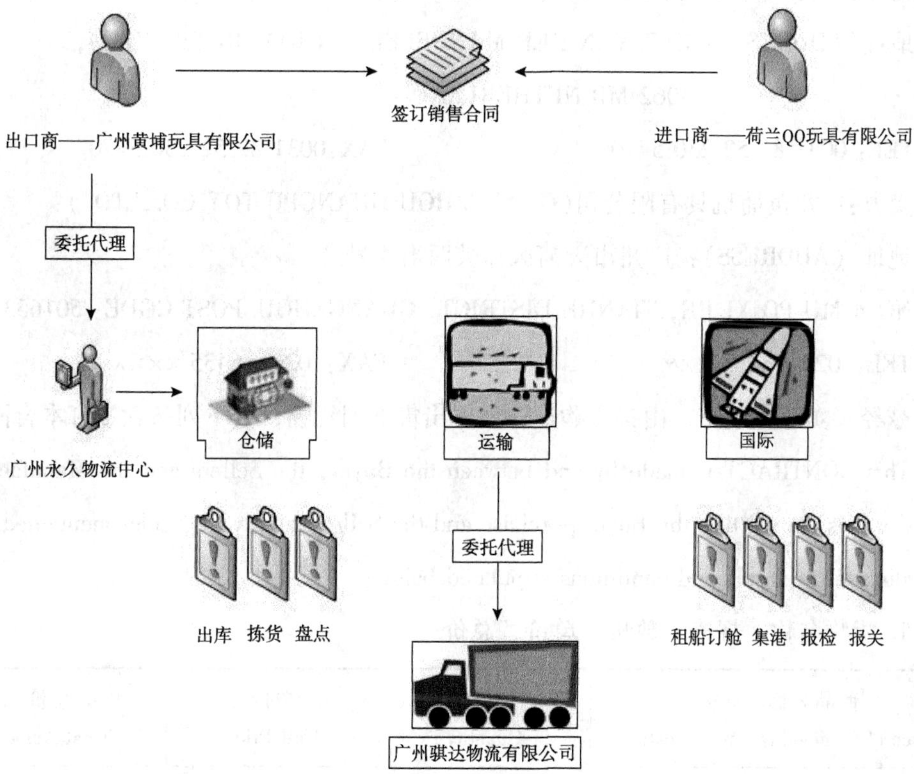

（1）广州黄埔玩具有限公司与荷兰 QQ 玩具有限公司双方签订销售合同。

（2）广州永久物流中心负责广州黄埔玩具有限公司的仓储、运输、国际等业务。

（3）广州永久物流中心仓储部负责货物的出库、拣货、盘点作业。

（4）广州永久物流中心货代部负责货物的租船订舱、集港、报检、报关作业。

（5）广州永久物流中心委托广州骐达物流有限公司负责货物的国内运输作业。

（6）广州永久物流中心在深圳妈湾港货运码头设立了货运站。

案例背景：

2017 年 7 月 15 日，广州黄埔玩具有限公司（以下简称“黄埔玩具”）与荷兰 QQ 玩具有限公司（以下简称“QQ 玩具”）双方签订销售合同。双方约定装船日期为 2017 年 8 月 1 日，2017 年 8 月 25 日将 4000 件玩具运至鹿特丹。双方签订的合同如下：

CONTRACT

合　同

合同号（CONTRACT NO.）：INVAC02　　　　日期（DATE）：2017—07—15

买方：荷兰 QQ 玩具有限公司（HOLLAND QQ TOY CO.,LTD.）

地址（ADDRESS）：K. P. VAN DER MANDELELAAN 100，ROTTERDAM，
3062 MB NETHERLANDS

TEL：0031 82 52 230 5470　　　　FAX：0031 82 52 230 5470

卖方：广州黄埔玩具有限公司（GUANGZHOU HUANGPU TOY CO.,LTD.）

地址（ADDRESS）：广州市天河区沐陂西街 4 号

NO. 4 MU PO XI JIE，TIANHE DISTRICT，GUANGZHOU. POST CODE：501653

TEL：020—6435 ××××　　　　FAX：020—6435 ××××

兹经买卖双方同意，由买方购进，卖方出售下列货物，按下列条款签订本合同：

This CONTRACT is made by and between the Buyer，the Sellers and the Manufacturer；whereby it is agreed that the Buyer purchase and the Sellers supply the under mentioned goods according to the terms and conditions stipulated below：

1. 货物名称、规格、数量、单价、总价

商品名称、规格 Name of Commodity，Specifications	数量 Quantity	单价 Unit Price	总价 Total Amount
电动玩具火车 ELECTRIC TOY	4000 件	USD10	USD40000
总值 Total Value	USD40000		

2. 价格术语：CIF ROTTERDAM

PRICE TERMS：CIF ROTTERDAM

3. 唛头：INVAC02

SHIPPING MARKS：MADE IN CHINA

C/NO.：1—200

4. 装运口岸：深圳港

PORT OF SHIPMENT：SHENZHEN PORT

5. 目的港：荷兰鹿特丹

PORT OF DESTINATION：ROTTERDAM HOLLAND

6. 付款方式：电汇

PAYMENT：T/T

7. 装船日期：2017 年 8 月 1 日

DATE OF SHIPMENT：1 Aug, 2017

广州黄埔玩具有限公司	荷兰 QQ 玩具有限公司
GUANGZHOU HUANGPU TOY CO.,LTD.	HOLLAND QQ TOY CO.,LTD.

业务受理：

广州永久物流中心（以下简称"永久物流"）是集国际空海运、国内陆运、仓储、贸易物流为一体的国内综合性第三方物流中心，为黄埔玩具提供全方位的第三方物流服务。

2017 年 7 月 15 日，永久物流客户经理张辉收到黄埔玩具（海关注册编号：4401920053）的货运代理，委托其运输一批电动玩具火车到荷兰。装船日期为：2017 年 8 月 1 日。张辉根据销售确认书确定此票货物为国际运输业务后，分别与公司的货代部、仓储部和深圳货运站进行联系，准备办理本批货物的出口运输业务。

租船订舱：

2017 年 7 月 17 日，永久物流货代部王伟根据黄埔玩具出具的订舱委托书进行租船订舱。并于 2017 年 7 月 18 日收到船代公司的订舱确认凭证，航期为：2017 年 8 月 1 日，船名航次为 DANU BHUM V. S009，提单号为 HACB8122145。

王伟根据订舱确认凭证/单签发送货通知给仓储部，要求其在 2017 年 7 月 25 日将货物运至深圳妈湾港货运码头广州永久物流中心货运站准备装箱。

仓储业务：

2017 年 7 月 19 日，永久物流中心客户经理张辉根据送货通知将发货通知交接给仓储部专门负责黄埔玩具库存货品的仓管员陈晓，准备这批货物的出库操作。发货通知详细内容如下：

发货通知单号：ASN201106130001

收货客户：广州永久物流中心货运站（深圳）

收货地址：深圳市南山区妈湾大道妈湾港货运码头

收货人：钱春

收货人电话：0755－2682××××

发货仓库：广州永久物流中心

发货地址：广州市白云区石井镇 8 号

货物名称：电动玩具火车

货物规格：20 个/箱

货物编号：XQB45—402G

发货数量：200

包装单位：箱

陈晓首先根据发货通知查询库存情况，黄埔玩具所有货品都存放在仓库编号为 KF007 库，该货主所有货品的库存情况如下：

库区	储位	货品编号	货品名称	规格	单位	库存数量	批次	入库日期
玩具 6 区	A11005	YRB23—876G	汽车人组合变形金刚	20 个/箱	箱	45	201702	2017/2/1
玩具 6 区	A11006	YRB23—876G	汽车人组合变形金刚	20 个/箱	箱	45	201702	2017/3/11
玩具 6 区	A11007	YRB30—322S	遥控直升机	20 个/箱	箱	40	201701	2017/4/1
玩具 6 区	A11008	YRB30—322S	遥控直升机	20 个/箱	箱	40	201703	2017/1/1
玩具 7 区	A01001	XQB45—402G	电动玩具火车	20 个/箱	箱	50	201701	2017/1/11

续　表

库区	储位	货品编号	货品名称	规格	单位	库存数量	批次	入库日期
玩具7区	A01002	XQB45—402G	电动玩具火车	20个/箱	箱	50	201702	2017/2/11
玩具7区	A02001	XQB45—402G	电动玩具火车	20个/箱	箱	50	201701	2017/4/1
玩具7区	A02004	XQB45—402G	电动玩具火车	20个/箱	箱	50	201702	2017/2/27
玩具8区	A03005	XQB45—402G	电动玩具火车	20个/箱	箱	50	201702	2017/2/1
玩具8区	A02002	XQB45—402G	电动玩具火车	20个/箱	箱	50	201702	2017/3/11
玩具8区	A08003	XPB30—121S	圣斗士高级仿真组合模型	15个/箱	箱	45	201701	2017/4/1
玩具8区	A09001	XPB30—121S	圣斗士高级仿真组合模型	15个/箱	箱	45	201703	2017/1/1

仓管员陈晓根据以上库存信息和按日期先入先出的出库规则，于2017年7月19日编制了出库单号为OB2011030214的出库单和作业单号为PK2011060023的拣货单，其中拣货单交给拣货组拣货员王刚进行拣货作业。当天下午，拣货员王刚按拣货单完成所有拣货作业并根据拣货情况对拣货单进行反馈，所需货品没有出现库存不足等异常的情况。

仓管员陈晓于当天下午把出库单和出库的货品一起交给配送部准备出货。

根据公司日清日结的规定，2017年7月19日下班前，仓管员陈晓根据库存对黄埔玩具所有货品按库区分别编制了玩具6区（盘点单号：ST0001002）、玩具7区（盘点单号：ST0001003）和玩具8区（盘点单号：ST0001004）三张盘点单，盘点均采用明盘，其中玩具6区的库存情况如下：

库区	储位	货品编号	货品名称	规格	单位	质量状态	库存数量	批次	入库日期
玩具6区	A11005	YRB23-876G	汽车人组合变形金刚	20个/箱	箱	正常	45	201702	2017/2/1

续 表

库区	储位	货品编号	货品名称	规格	单位	质量状态	库存数量	批次	入库日期
玩具6区	A11007	YRB30—322S	遥控直升机	20个/箱	箱	正常	20	201701	2017/4/1
玩具6区	A11008	YRB30—322S	遥控直升机	20个/箱	箱	正常	40	201703	2017/1/1

玩具6区的盘点单交给理货组理货员赵明进行盘点，理货员赵明经过盘点发现全部库存准确，理货员赵明将实际盘点结果在盘点单上进行反馈。

运输业务：

2017年7月20日，仓储部将出运的货物准备完成后，单证部向检验检疫局申请报检，并顺利获取出境货物换证凭单。确定该批货物为国际运输业务：首先将货物从仓库运送到永久物流在深圳码头设有专门负责国际进出口业务的货运站——广州永久物流中心货运站（深圳），在堆场进行装箱，然后进行通关操作。永久物流中心配送部与广州骐达物流有限公司协调沟通，委托其运输本批货物至广州永久物流中心货运站（深圳）。

2017年7月22日上班之后，永久物流中心配送部计划员于科及时核对客户的出库通知及出库单信息后准备运输。计划员于科通知广州骐达物流有限公司：于2017年7月22日提货，并将托运订单提交给广州骐达物流有限公司客服张岚。托运订单相关信息如下：

运单号	4710000000010
托运人	广州永久物流中心 联系人：于科 电话：020—8832×××× 地址：广州市白云区石井镇8号 邮编：510450
包装方式	纸箱
托运货物	货物名称：电动玩具火车　数量：200箱 总体积：26.945CBM　总重：3000KGS　净重：2944KGS
收货人	广州永久物流中心货运站（深圳） 联系人：钱春 电话：0755—2682×××× 地址：深圳市南山区妈湾大道妈湾港货运码头 邮编：518066
托运要求	（1）要求取货和送货 （2）7月25日9：00前到货
结算	结算方式：现结
投保	不投保

广州骐达物流有限公司张岚将托运订单信息传递给调度崔丽，崔丽根据托运订单信息进行调度安排，安排货运员蒋玉携取货通知单和空白的公路货物运单执行取货作业。7 月 22 日 11：00，蒋玉至取货地点进行取货，于 12：00 现场受理并填制运单号为 4710000000010 的公路货物运单，并于 13：00 起运。

7 月 25 日 8：00，广州骐达物流有限公司将货物运到广州永久物流中心港务办事处（深圳）。广州到深圳的运输里程为 147 公里。

装箱集港：

永久物流货代部根据货物的特性，确定其所有货物可装箱于 1 个 20ft 的普柜中（集装箱自重 2280kg）。7 月 26 日，永久物流持订舱确认凭证到堆场箱管科缴纳押箱费并领取设备交接单到堆场提空箱，在广州永久物流中心货运站（深圳）处进行装箱作业。装箱完成之后，永久物流凭相关单据到港口检查桥完成货物的集港。

货物报关：

7 月 28 日，永久物流货代部持出境货物换证凭单至口岸检验检疫中心顺利换取出境货物通关单，报关员开始办理货物的报关业务。永久物流在接到黄埔玩具提交的全套单据（合同、发票、箱单、核销单、出境货物通关单等材料）向深圳海关（5300）申请报关，办理出口货物通关业务。电动玩具火车的商品编码（H. S. 编码）为 95031000，法定计量单位为千克。发票、箱单详细内容如下：

广州黄埔玩具有限公司

GUANGZHOU HUANGPU TOY CO.,LTD.

INVOICE

TO：HOLLAND QQ TOY Co.,LTD.　　　　NO. OF INVOICE：000996

DATE：　JUL. 17, 2017

FROM SHENZHEN TO ROTTERDAM

Sailing on or about AUG. 1 , 2011

L/C No. :　　　　　　　　SALES CONFIRMATION：　INVAC02

B/L NO. : HACB8122145

Description of Goods	Unit Price	Amount
ELECTRIC TOY 电动玩具火车 PACKAGES：200 CASES	USD10/PC	CIF ROTTERDAM USD40000 F：USD300 I：USD0. 27%

广州黄埔玩具有限公司

GUANGZHOU HUANGPU TOY CO.,LTD

PACKING LIST

TO：HOLLAND QQ TOY Co.,LTD. NO. OF INVOICE：000996

DATE：JUL. 18，2017

FROM SHENZHEN TO ROTTERDAM

Sailing on or about AUG. 1，2017

Country of Origin：CHINA Country of Destination：HOLLAND

Marks & Nos.	Number and Kind of Packages Description of Goods	Quantity	Gross Weight	Net Weight
INVAC02 MADE IN CHINA C/NO.：1—200	ELECTRIC TOY TOTAL：200 CASES ONLY	4000PCS	3000KGS	2944KGS

CONTAINER NO.：TEXU8676881，1×20’（200 PACKAGES）

2017年7月30日，海关通关放行，该批货物于2017年8月1日顺利装船。

制单要求：

（1）请以广州永久物流中心仓管员陈晓的身份为执行拣货任务准备拣货单。

（2）请以广州永久物流中心仓管员陈晓的身份为执行出库任务准备出库单。

（3）请以广州永久物流中心仓管员陈晓身份为玩具6区的盘点任务准备盘点单。

（4）请以货运员蒋玉的身份填制运单号为4710000000010的公路货运单。

（5）请以广州永久物流中心报关员的身份填制出口货物报关单。

备注：单据填制过程中，各字段的内容须完全以题干所提供的信息为准。

练习二

案例简况：

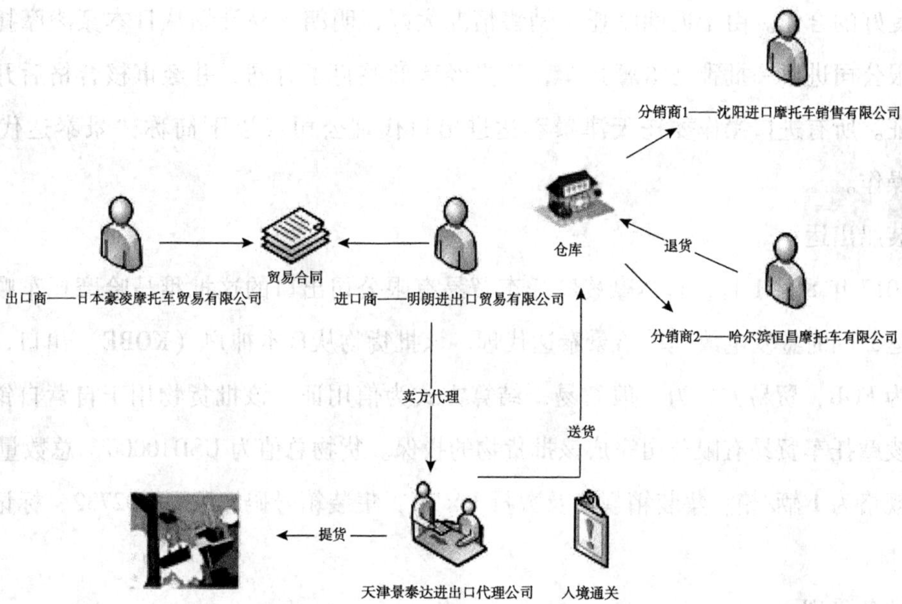

国外进口：

（1）明朗进出口贸易有限公司从日本豪凌摩托车贸易有限公司进口一批雅马哈摩托车。

（2）明朗进出口贸易有限公司委托天津景泰达进出口代理公司代理该批货物的进口提货、通关手续。

（3）明朗进出口贸易有限公司顺利收到货物，并经检验合格，安排入库业务。

国内销售：

（1）明朗进出口贸易有限公司收到国内客户的订单。

①沈阳进口摩托车销售有限公司订购 20 辆雅马哈摩托车。

②哈尔滨恒昌摩托车有限公司订购 15 辆雅捷特摩托车。

（2）明朗进出口贸易有限公司根据以上订单安排国内公路货物运输业务。

（3）客户哈尔滨恒昌摩托车有限公司收到的 15 辆雅捷特摩托车经检验全部不合

格，发生退货，哈尔滨恒昌摩托车有限公司提出退货申请，由此产生退货业务。

案例背景：

明朗进出口贸易有限公司（CLEAR THE IMPORT AND EXPORT TRADE CO.,LTD.）(以下简称“明朗贸易”)是一家从事国内外品牌摩托车销售与维修服务的公司,与日本豪凌摩托车贸易有限公司(JAPAN HAO LING MOTORCYCLE TRADE CO.,LTD.）保持了长期良好的合作。由于近期摩托车销售情况大好，明朗贸易计划从日本豪凌摩托车贸易有限公司进口一批雅马哈摩托车，双方经磋商签订了合同，并经审核合格后开立了信用证。所有进口操作委托天津景泰达进出口代理公司（以下简称“景泰达代理”）代理操作。

装船出运：

2017年8月1日，日本豪凌摩托车贸易有限公司出口的这批雅马哈摩托车顺利装船出运，同时签发电放提单给景泰达代理。该批货物从日本神户（KOBE）出口，成交方式为FOB，贸易方式为一般贸易，结算方式为信用证，该批货物用于自营自销。日本豪凌摩托车贸易有限公司完成该批货物的投保。货物总值为USD10000，总数量为38箱，规格为1辆/箱，集装箱规格及数量1×20′，集装箱号码CBHU3202732，标记及号码N/M。

业务受理：

2017年8月10日，景泰达代理（进口地代理）收到景泰达代理（出口地代理）发来的电放提单，如下所示。2017年8月11日，船到锚地。2017年8月12日，船进太平洋码头4港区B4泊位。

BILL OF LADING

B/L No.:SNL JP62912356

Shipper
JAPAN HAO LING MOTORCYCLE TRADE CO., LTD.
46；22113 XIANGXIE ROAD, 20457 TOKYO；
JAPAN

Consignee
CLEAR THE IMPORT AND EXPORT TRADE
CO., LTD.
5 XINMEI ROAD,HUAYUAN ZONE,XUHUI DISTRICT,
TIANJIN CHINA

MCS

Notify Party
CLEAR THE IMPORT AND EXPORT TRADE
CO., LTD.

ORIGINAL

*Pre-carriage by	*Place of Receipt
Ocean Vessel Voy. No. MCS BOSTON 102E	Port of Loading： KOBE
Port of Discharge TIANJIN	*Final Destination TIANJIN　CHINA

Marks and Numbers	Number and kind of packages; Description	Gross Weight	Measurement
CBHU3202732*1（1） N/M	YAMAHA MOTORCYCLE/R6 FRONT WHEEL：120/70-ZR17 BACKGROUND：180-55-ZR17 WEIGHT：166KG QUANTITY：38 LONG × WIDE × HIGH： 2040 × 705 × 1100MM	6308KGS	61 CBM

——————FERIGHT PREPAID———————TELEX　RELEASE ——————

TOTAL PACKAGES（IN WORDS）　SAY THRITY EIGHT　ONLY

Freight and charges

Place and date of issue
KOBE

Signed for the Carrier
As agent for the carrier MCS container lines

*Applicable only when document used as a Through Bill of Loading

换取提货单：

2017年8月11日，景泰达代理收到电放提单后，持电放提单换取提货单。由于运费是预付的，因此在正本提单上盖好“运费付讫章”后，准备提货的车队到箱管科交完押箱费，换取一个设备交接单，同时在正本提单上加盖“押箱章”。检查合格后凭电放保函和提单副本顺利换取了提货单。此时货物由前方码头运至堆场。

进口报检：

2017年8月11日，景泰达代理持明朗贸易提交的全套单据进行报检、报关操作，明朗贸易填制报检委托书如下：

代理报检委托书

编号：

天津出入境检验检疫局：

本委托人（备案号/组织机构代码52501114286）保证遵守国家有关检验检疫法律、法规的规定，保证所提供的委托报检事项真实、单货相符。否则，愿承担相关法律责任。具体委托情况如下：

本委托人将于2017年8月间进口如下货物：

品 名	雅马哈摩托车	H. S. 编码	87112030001
数（重）量	38 辆	包装情况	纸箱
信用证/合同号	TX2000523	许可文件号	
进口货物收货单位及地址	明朗进出口贸易有限公司	进口货物提/运单号	××××××××
其他特殊要求	无		

特委托天津景泰达进出口代理公司，代表本委托人办理上述货物的下列出入境检验检疫事宜：

☑1. 办理报检手续；

☑2. 代缴纳检验检疫费；

☑3. 联系和配合检验检疫机构实施检验检疫；

☑4. 领取检验检疫证单；

☑5. 其他与报检有关的相关事宜：__________

联系人：王燕

联系电话：1341234 ××××

本委托书有效期至2017 年10 月10 日

委托人（加盖公章）明朗进出口贸易有限公司

2017 年 8 月 10 日

受托人确认声明

本企业完全接受本委托书。保证履行以下职责：

1. 对委托人提供的货物情况和单证的真实性、完整性进行核实；

2. 根据检验检疫有关法律法规规定办理上述货物的检验检疫事宜；

3. 及时将办结检验检疫手续的有关委托内容的单证、文件移交委托人或其他指定的人员；

4. 如实告知委托人检验检疫部门对货物的后续检验检疫及监管要求。

如在委托事项中发生违法或违规行为，愿承担相关法律和行政责任。

联 系 人：吴雅丽

联系电话：1365456 ××××

受托人（加盖公章）天津景泰达进出口代理公司

2017 年 8 月 10 日

该批货物自日本到天津采用海运运输，景泰达代理于 2017 年 8 月 11 日办理该批货物的报检，在审核好明朗贸易提交的全套单据之后，根据提交的单据填写入境货物报检单，报检登记单号为 52500003541，许可证/审批号为 2011122430，报检联系人为吴雅丽，联系电话 1365456 ××××。货物于 2017 年 8 月 12 日到达天津港，并于当日卸货完毕，货物到达天津后存放于天津港太平洋码头 FO4 堆场。

景泰达代理完成了入境货物报检单的填制之后，一并将收到的全套单据（报检委托书、合同、发票、提单、装箱单、许可证/审批文件等复印件、入境货物报检单）交与天津检验检疫局，完成货物的报检操作。

入境通关：

天津市检验检疫局在收到景泰达代理的报检申请并于商检机构办理检验检疫登记之后，签发入境货物通关单给景泰达代理，如下所示：

中华人民共和国出入境检验检疫

入境货物通关单

编号：120600107009216

<table>
<tr><td colspan="4">编号：120600107009216</td></tr>
<tr><td colspan="3">1. 收货人
明朗进出口贸易有限公司</td><td rowspan="3">5. 标记及号码
N/M</td></tr>
<tr><td colspan="3">2. 发货人
日本豪凌摩托车贸易有限公司</td></tr>
<tr><td colspan="2">3. 合同/提（运）单号
TX2000523</td><td>4. 输出国家或地区
日本</td></tr>
<tr><td colspan="2">6. 运输工具名称及号码
MCS BOSTON 102E</td><td>7. 目的地
天津</td><td>8. 集装箱规格及数量
1×20’</td></tr>
<tr><td>9. 货物名称及规格
雅马哈摩托车
1 辆/箱</td><td>10. H. S. 编码
87112030001</td><td>11. 申报总值
USD10000</td><td>12. 数/重量、包装数量及种类
38 辆、6308KGS、38 箱</td></tr>
<tr><td colspan="4">13. 证明
上述货物业已报检/申报，请海关予以放行

签字：王丽　　　日期：2011 年 8 月 11 日</td></tr>
<tr><td colspan="4">14. 备注
××××××××××</td></tr>
</table>

提货：

景泰达代理完成本批雅马哈摩托车的报检、报关操作之后，在提货单上加盖了提货章、海关放行章、三检合格章，2017 年 8 月 14 日，顺利从堆场提取货物并完成相关检验工作，于当日将货物运往明朗贸易库房。

入库业务：

2017 年 8 月 11 日，明朗贸易订单处理中心李明根据收到的提单填制入库通知单，并向仓库发出入库通知，准备货物的入库操作。入库通知单如下：

<table>
<tr><td colspan="7">入库通知单</td></tr>
<tr><td colspan="7">入库通知单号：ASN201103130001
供应商：日本豪凌摩托车贸易有限公司
供应商编号：S0000721
入库库房：1 号库
接货人：赵伟 电话：022－5226××××
计划到货日期：2011 年 8 月 15 日</td></tr>
<tr><td>序号</td><td>物料编号</td><td>物料名称</td><td>规格</td><td>单位</td><td>计划数量</td><td>备注</td></tr>
<tr><td>1</td><td>5300020－27</td><td>雅马哈摩托车</td><td>1 辆/箱</td><td>箱</td><td>38</td><td></td></tr>
<tr><td></td><td></td><td></td><td></td><td></td><td></td><td></td></tr>
<tr><td></td><td></td><td></td><td></td><td></td><td></td><td></td></tr>
<tr><td colspan="5">合计</td><td>38</td><td></td></tr>
<tr><td colspan="2">制单人：李明</td><td colspan="3">审核人：王晶</td><td colspan="2">第 1 页 共 1 页</td></tr>
</table>

供应商日本豪凌摩托车贸易有限公司的所有物料的出入库和库内保管由仓储部的仓管员赵伟负责。2017 年 8 月 15 日 9：00，仓管员赵伟根据入库通知单编制入库单号为 ZYJHDH867 的入库单。2017 年 8 月 15 日 11：00，该批货物到达明朗进出口贸易有限公司，货物验收全部合格，并且和入库通知单一致。2017 年 8 月 15 日 13：00 完成验收，仓管员赵伟根据实际收货情况，完成了入库单的填制，在入库单上确认并签字。

当日，根据物料存放规则和仓库可用货位情况，仓管员赵伟计划将质量合格的物料统一入库到仓库编号为 KF001 的 1 号库，库区为：整车 4 区，储位为：A00001，仓管员赵伟以此制作了作业单号为 IB0000120111 的储位分配单，交给搬运组进行物料入储位作业，作业结果由搬运组在储位分配单上反馈。

运输业务：

2017 年 8 月 28 日 10：00，明朗进出口贸易有限公司客服刘华收到一份带有客户签章的发运计划，具体内容如下：

<table>
<tr><td>托运单号</td><td>YD4610000004955</td><td>客户编号</td><td>PHKH5071</td></tr>
<tr><td>托运人</td><td colspan="3">明朗进出口贸易有限公司
联系人：李丽（经理）
联系电话：022－5226××××
地址：天津市滨海新区大田路 106 号
邮编：300480</td></tr>
<tr><td>包装方式</td><td colspan="3">纸箱</td></tr>
<tr><td>货物详情</td><td colspan="3">货物名称：雅马哈摩托车
数量：20 辆
规格：1 辆/箱
总重量：3320kg
总体积：32m³</td></tr>
<tr><td>收货人</td><td colspan="3">沈阳进口摩托车销售有限公司
联系人：吴佳丽
联系电话：024－6435××××
地址：辽宁省沈阳市沈河区南关路 12 号
邮编：110016</td></tr>
<tr><td>托运要求</td><td colspan="3">（1）要求上门取货和送货，取货地联系信息与托运人联系信息相同，送货地联系信息与收货人联系信息相同
（2）要求 2017 年 8 月 30 日 17：00 之前送到目的地
（3）凭客户签字的运单作为回执</td></tr>
</table>

当天 10：15，刘华还收到另一份客户的发运计划，具体内容如下：

<table>
<tr><td>托运单号</td><td>YD4610000004956</td><td>客户编号</td><td>PHKH1302</td></tr>
<tr><td>托运人</td><td colspan="3">明朗进出口贸易有限公司
联系人：李丽（经理）
联系电话：022—5226××××
地址：天津市滨海新区大田路 106 号
邮编：300480</td></tr>
<tr><td>包装方式</td><td colspan="3">纸箱</td></tr>
<tr><td>货物详情</td><td colspan="3">货物名称：雅捷特摩托车
数量：15 辆
规格：1 辆/箱
总重量：2300kg
总体积：22m³</td></tr>
</table>

续　表

收货人	哈尔滨恒昌摩托车有限公司 联系人：君玉 联系电话：0451－8435×××× 地址：哈尔滨市松北区世贸大道17号 邮编：150028
托运要求	（1）要求上门取货和送货，取货地联系信息与托运人联系信息相同，送货地联系信息与收货人联系信息相同 （2）要求2017年8月31日17：00之前送到目的地 （3）凭客户签字的运单作为回执

客服刘华在审核完这两个客户的业务申请后，将订单提交给调度程润进行操作。

8月28日11：00，调度程润根据车辆、作业等情况，编制计划单号为YSJH4900088的运输计划，该运输计划包含托运单号为（YD4610000004955，YD4610000004956）两张单内托运货物。

按照干线运输计划，预计于2017年8月29日9：00发车出天津站，2017年8月29日16：00到达沈阳站。货物到达沈阳后，托运单号为YD4610000004955的货物顺利完成卸车，然后不更换运输车辆，预计于2017年8月29日20：00从沈阳站出发，2017年8月30日6：00到达哈尔滨站。

天津至哈尔滨行驶路线：天津—沈阳—哈尔滨，天津到沈阳的公路里程为704公里，沈阳到哈尔滨的公路里程为675公里，根据公司现有的运力资源，调度程润选择段成（联系电话1376072××××）驾驶的车牌号为京G6076×的车辆（核载10t，车容35m^3）执行该运输任务。

退货业务：

2017年8月30日6：00，哈尔滨恒昌摩托车有限公司收到了这批货物，仓管员李涛对这批货物进行验收，按照公司的规定进行了入库操作，并编制入库单。收货验收后，仓管员李涛把这批货物入库到物料待检一区，由质检科的质检员孙兰负责质量检验。2017年9月1日下午，仓管员李涛收到由质检员孙兰开具的这批入库物料的质检报告，质检报告的质检单号为QT012302311，内容显示这批编号为5300020－29的雅捷特摩托车全部不合格（退货原因为制动系统不合格）。

当日，对于质检不合格的物料，仓管员李涛通知搬运组将不合格的摩托车搬运到成品一号库的隔离区：入库隔离 2 区，同时与采购部采购员王刚沟通确认质检结果。

2017 年 9 月 1 日，采购员王刚根据相关的采购协议、入库单和质检报告，编制退货单号为 RT00210322 的退货申请单（其中质检报告中的不合格原因作为退货原因）并通知供应商退货。

明朗进出口贸易有限公司于 2017 年 9 月 1 日收到了这份退货申请单。

制单要求：

（1）请以天津景泰达进出口代理公司吴雅丽的身份填制入境货物报检单。

（2）请以明朗贸易调度程润的身份填制运输计划。

（3）请以明朗贸易仓管员赵伟的身份为入库任务准备入库单。

（4）请以明朗贸易仓管员赵伟的身份为储位分配任务准备储位分配单。

（5）请以哈尔滨恒昌摩托车有限公司采购部采购员王刚的身份填制退货申请单。

备注：单据填制过程中，各字段的内容须完全以题干中所提供的信息为准。

练习三

2017 年 3 月 23 日，浙江苏泊尔股份有限公司（ZHEJIANG SUPOR CO.,LTD.，海关注册编号：3501826537）与美国贸易公司签订销售合同，双方约定 2017 年 4 月 30 日前将苏泊尔产品装船运往洛杉矶港。

销售合同

SALES CONFIRMATION

合同号 S/C NO.：INVAC03

日期 DATE：MAR. 23，2017

卖方 THE SELLER：	买方 THE BUYER：
ZHEJIANG SUPOR CO.,LTD.	THE AMERICAN TRADE COMPANY
WEST LAKE SOUTH ROAD 88，	TOLL ROAD 144，
HANGZHOU CHINA	LOS ANGELES，USA

买卖双方同意以下条款达成交易：

This CONTRACT is made by and between the Buyer，the Seller and the Manufacturer；whereby it is agreed that the Buyer purchase and the Seller supply the under mentioned goods according to the terms and conditions stipulated below：

型号 ART. NO.	品名 COMMODITY	数量 QUANTITY	单价 UNIT PRICE	金额 AMOUNT
DJ13B D22A3 SS30R1	SUPOR JUICER BLENDER SUPOR PRESSURE COOKER SUPOR ELECTRIC KETTLE	600PCS 400PCS 500PCS	CIF LOS ANGELES USD10. 00/PC USD30. 00/PC USD15. 00/PC	USD6000. 00 USD12000. 00 USD7500. 00
	总数 TOTAL	1500PCS		USD25500. 00
总合同价值 TOTAL CONTRACT VALUE：SAY USD TWENTY FIVE THOUSAND FIVE HUNDRED ONLY.				

包装 PACKING：TO BE PACKED IN CARTONS OF 10 PCS EACH ONLY.

唛头 MARK：INVAC03

MADE IN CHINA

付款方式 PAYMENT：L/C

装箱港及目的地 PORT OF LOADING & DESTINATION：

FROM NINGBO PORT, P. R. CHINA TO LOS ANGELES, USA

航运期 TIME OF SHIPMENT：

TO BE EFFECTED BEFORE THE END OF APRIL 2017

PARTIAL SHIPMENT NOT ALLOWED

AND TRANSSHIPMENT NOT ALLOWED.

ZHEJIANG SUPOR CO.,LTD.　　　THE AMERICAN TRADE COMPANY

杭州通达物流有限公司（以下简称“通达物流”）为浙江苏泊尔股份有限公司提供第三方物流服务，包括仓储、配送、运输、国际货代等综合作业。2017年4月5日，通达物流订单中心的计划员赵明收到浙江苏泊尔股份有限公司的发货通知，被告知需要在2017年4月10日向美国贸易公司发出一批浙江苏泊尔股份有限公司的产品，发货通知单号为SPE20120405028，收货客户：杭州通达物流有限公司港务办事处（宁波），收货地址：宁波港北仑港区深水大道集装箱货运码头。收货人：李强。收货人电话：0574—350××××。发货仓库：通达物流中心。仓库地址：杭州石大路货运市场1012号。仓库类别：第三方物流仓库。货物名称：见商业合同。发货数量：150。包装单位：箱。

计划员赵明将发货通知交接给仓储部专门负责浙江苏泊尔股份有限公司产品库存的仓管员王真，王真首先根据发货通知查询库存情况，浙江苏泊尔股份有限公司的所有货品都存放在仓库编号为DQ018的东区3号库，库存情况如下：

库区	货位	货品编号	货品名称	规格	单位	库存数量	批次	入库日期
电器2区	A01010	D22A3	苏泊尔压力锅	22CM	箱	30	201703	2017/3/1
电器3区	A01011	D22A3	苏泊尔压力锅	22CM	箱	20	201703	2017/2/1
电器2区	A01012	DJ13B	苏泊尔豆浆机	1300ML	箱	30	201702	2017/11/1
电器3区	A01013	DJ13B	苏泊尔豆浆机	1300ML	箱	50	201702	2017/12/1
电器4区	A01014	DJ13B	苏泊尔豆浆机	1300ML	箱	40	201703	2017/2/3
电器4区	A02001	SS30R1	苏泊尔电水壶	3.0L	箱	30	201702	2017/2/2
电器3区	A02002	SS30R1	苏泊尔电水壶	3.0L	箱	60	201703	2017/2/3

仓管员王真根据以上库存信息和先入先出的出库规则，于2017年4月5日编制了出库单号为NBKF0405008的出库单（货物顺序依照合同）和作业单号为PK201200479的拣货单（货物顺序依照合同），其中拣货单交给拣货组拣货员万良进行拣货作业。当天下午，拣货员万良按拣货单完成所有的拣货作业并根据拣货情况对拣货单进行反馈，所需货品没有出现库存不足等异常的情况。

仓管员王真于当天下午把出库单和出库的货品一起交给配送部准备出货。配送部计划员孙虎核对客户的出库通知及出库单信息后，确定该批货物为国际运输业务。通达物流在宁波码头设有专门负责国际进出口业务的港务部门——杭州通达物流有限公司港务办事处（宁波），故该货物于杭州物流中心仓库装箱，由公路运输至宁波，再由宁波港通关、装船出运至美国洛杉矶港。由王斌编制本批出口货物从杭州到宁波的运输计划（货物顺序依照合同），编号为TDJH1032（托运人及承运人皆为通达物流杭州物流中心，收货人为该公司于宁波码头的港务办事处），要求4月6日11：00之前到货，货物为纸箱包装。

配送部可以调用的人员有司机李松，联系方式1390571××××；车辆有两辆，车辆A：车牌号浙A8372×，核载为3t，车容为20CBM；车辆B：车牌号浙A4239×，核载为5t，车容30CBM。此后，孙虎将运输计划信息抄送至国际货代部门，由该部为此批货物出口准备相应业务安排。

货物预计于2017年4月5日17：00装车，5日20：00配送部王斌负责装货、发货，4月6日2：00到达宁波港北仑港区深水大道集装箱货运码头，并由杭州通达物流有限公司港务办事处（宁波）负责人钱申接收。杭州到宁波的运输里程为176公里。

根据公司盘点的规定，2017年4月7日下班前，仓管员王真对电器3区剩余货品进行盘点准备，盘点均采用明盘，盘点单号为PD00001。

2017年4月6日，国际货代部门审核该批出口货物的相关信息后，将所有货物装箱于1个20ft的普柜中，并通知配送部门调配一个物流中心自有普柜，箱号为TEXU8676881，自重为2280kg，准备装箱。同日，配送部门接到装箱通知后，安排集装箱装箱。

装箱完成后通达物流国际货代部报关员陈锋向浙江苏泊尔股份有限公司索取了出口相关单据后（如发票、合同、报检委托书、信用证等单据），准备为本批货物在杭州办理报检手续，提单号为HACB8122145，4月10日陈锋收到相关单据后同宁波海关

（3101）报关，法定单位为千克。

【发票】

商业发票

INVOICE

发货人 Consignor： ZHEJIANG SUPOR CO.,LTD.	发票号 No. of Invoice： 89756254	日期 DATE： MARCH 23, 2017
收货人 Consignee： THE AMERICAN TRADE COMPANY		
船型 Shipped Per： DANU BHUM/S009	从 From： NINGBO	到 To： LOS ANGELES
发船日期 Sailing on or about：12 APRIL 2017		
付款方式 Teams of Payment： L/C		合同号 Sales Confirmation No：INVAC03
产品描述 Description of Goods	单价 Unit Price	数量 Amount
PACKAGES：150CTNS SUPOR JUICER BLENDER SUPOR PRESSURE COOKER SUPOR ELECTRIC KETTLE	 USD10.00/PC USD30.00/PC USD15.00/PC	CIF LOS ANGELES USD25500.00 F：USD300.00 I：USD0.27%

【装箱单】

PACKING LIST

FROM：ZHEJIANG SUPOR CO.,LTD.

WEST LAKE SOUTH ROAD 88, HANGZHOU CHINA

TEL：0571—6331 ××××

MARK & NUMBERS：INVAC03

MADE IN CHINA

INVOICE NO.：89756254

DATE：MARCH 23, 2017

DESCRIPTION OF GOODS	H. S. CODE	QUANTITY	PACKAGES	G/WEIGHT	N/WEIGHT	MEASUREMENT
SUPOR JUICER BLENDER	69110110	600PCS	60CTNS	1600KGS	1530KGS	10.778CBM
SUPOR PRESSURE COOKER	69121231	400PCS	40CTNS	1100KGS	1022KGS	7.185CBM
SUPOR ELECTRIC KETTLE	69111221	500PCS	50CTNS	1300KGS	1275KGS	8.982CBM
TOTAL		1500PCS	150CTNS	4000KGS	3827KGS	26.945 CBM

L/C NO.：02010906114

制单要求

（1）请以杭州通达物流中心仓管员王真的身份为执行拣货任务编制拣货单。

（2）请以杭州通达物流中心仓管员王真的身份为执行出库任务准备出库单。

（3）请以杭州通达物流中心仓管员王真身份为电器 3 区的盘点任务准备盘点单。

（4）请以配送部王斌的身份填制编号为 TDJH1032 运输计划。

（5）请以杭州通达物流中心报关员的身份填制出口报关单。

备注：单据填制过程中，各字段的内容须完全以题干中所提供的信息为准。

练习四

广州市纯味进出口有限公司于2007年3月18日成立，具有独立法人地位，是一家经营进出口业务为主的综合性贸易公司。

2017年10月25日，广州市纯味进出口有限公司与意大利索夫贸易有限公司签订采购合同，合同号 BTNU0945，进口卡司诺三合一咖啡 150g×24 盒/箱，商品编号68510000。2017年11月18日，该批货物从意大利安科纳港（ANCONA）装船运出，成交价格 EUR 45 PER CTN FOB ANCONA；总价值 EUR 9000.00；贸易方式为一般贸易，包装种类为纸箱，结算方式为信用证，用途为销售。

2017年11月18日，广州市纯味进出口有限公司收到意大利索夫贸易有限公司的电放提单。

提　单

<table>
<tr><td colspan="2">Shipper</td><td colspan="3" rowspan="2">BILL OF LADING　　B/L No.:
SNLJP62912356</td></tr>
<tr><td colspan="2">ITALY SKYFUL TRADING CORPORATION CO.,LTD.
CORSO DUCA DEGLI ABRUZZI, 24, 10129 TORINO, ITALY</td></tr>
<tr><td colspan="2">Consignee</td><td colspan="3" rowspan="12">MCS

ORIGINAL</td></tr>
<tr><td colspan="2">GUANGZHOU PURE TASTE IMPORT AND EXPORT CO.,LTD.
308 DADE ROAD, YUEXIU ZONE, GUANGZHOU DISTRICT, GUANGDONG CHINA</td></tr>
<tr><td colspan="2">Notify Party</td></tr>
<tr><td colspan="2">SAME AS CONSIGNEE</td></tr>
<tr><td>* Pre-carriage by</td><td>* Place of Receipt</td></tr>
<tr><td></td><td></td></tr>
<tr><td>Ocean Vessel Voy. No.</td><td>Port of Loading:</td></tr>
<tr><td>CSCL LONG BEACH/31</td><td>ANCONA</td></tr>
<tr><td>Port of Discharge</td><td>* Final Destination</td></tr>
<tr><td>SHENZHEN</td><td></td></tr>
<tr><td>Marks and Numbers</td><td colspan="2">Number and kind of packages; Description</td><td>Gross Weight</td><td>Measurement</td></tr>
<tr><td>N/M
CCLU3512532*1 (1)</td><td colspan="2">CARD DIVISION NOVO THREE - IN - ONE COFFEE
H. S. CODE: 68510000
WEIGHT: 750KGS
QUANTITY: 200 CTNS
FREIGHT PREPAID
TELEX　RELEASE</td><td>800KGS</td><td>10M^3</td></tr>
<tr><td colspan="5"></td></tr>
<tr><td colspan="2">TOTAL PACKAGES (IN WORDS)</td><td colspan="3">SAY TWO HUNDRED CARTONS ONLY</td></tr>
<tr><td colspan="5"></td></tr>
<tr><td>Freight and charges</td><td colspan="4"></td></tr>
<tr><td colspan="2" rowspan="4"></td><td colspan="3">Place and date of issue</td></tr>
<tr><td colspan="3">ANCONA</td></tr>
<tr><td colspan="3">Signed for the Carrier</td></tr>
<tr><td colspan="3">As agent for the carrier MCS container lines</td></tr>
<tr><td colspan="5">* Applicable only when document used as a Through Bill of Loading</td></tr>
</table>

货物存放在1个20ft的集装箱里，2017年11月22日，广州市纯味进出口有限公司外贸部在审核好全套单据（单据有合同、发票、装箱单和许可文件）之后，根据提交的单据信息填写入境货物报检单，报检登记单号52500006328，许可证/审批号20170308136，报检联系人为孙晓单，联系电话1365456××××。货物于2017年11月23日到达深圳港，当日卸货完毕，货物卸货后存放于深圳港蛇口码头总站。

广州市纯味进出口有限公司在国内的货物仓储与配送业务一直委托深圳市环宇物流公司，在货物到达之前，广州市纯味进出口有限公司通知深圳市环宇物流公司将该批货物运送到广州市纯味进出口有限公司的广州仓库存放。

23日上午，深圳市环宇物流公司为该批货物编制的运输计划具体内容如下：

<table>
<tr><td>托运单号</td><td>YD2017007028</td><td>客户编号</td><td>PHKH8459</td></tr>
<tr><td>托运人</td><td colspan="3">广州市纯味进出口有限公司
联系人：张武
联系电话：020－6347××××
地址：广州大学城东四路长洲街深井丰收二街68号
邮编：510006</td></tr>
<tr><td>包装方式</td><td colspan="3">纸箱</td></tr>
<tr><td>货物详情</td><td colspan="3">货物名称：卡司诺三合一咖啡
数量：200箱
总重量：800kg
总体积：10m^3</td></tr>
<tr><td>收货人</td><td colspan="3">广州市纯味进出口有限公司
联系人：徐明（经理）
联系电话：020－8749××××
地址：广州大学城东四路长洲街深井丰收二街68号
邮编：510006</td></tr>
<tr><td>托运要求</td><td colspan="3">（1）要求上门取货和送货，取货地：深圳港蛇口码头总站；送货地联系信息与收货人联系信息相同
（2）要求2017年11月24日17：00之前送到目的地</td></tr>
<tr><td>结算</td><td colspan="3">结算方式：现结</td></tr>
<tr><td>投保</td><td colspan="3">不投保</td></tr>
</table>

当天深圳市环宇物流公司还收到2份从深圳发往广州的运输计划，具体内容如下：

托运单号	YD2017007029	客户编号	PHKH5602
托运人	天派电子深圳公司 联系人：王丽丽 联系电话：0755－6150×××× 地址：深圳市宝安区福永镇新和村新兴工业园625号 邮编：518101		
包装方式	纸箱		
货物详情	货物名称：车载数字电视 数量：300箱 总重量：1750kg 总体积：15m³		
收货人	广州市九佛电器有限公司 联系人：张君 联系电话：020－8749×××× 地址：广州市白云区广华路137号 邮编：510080		
托运要求	（1）要求上门取货和送货，取货地联系信息与托运人联系信息相同，送货地联系信息与收货人联系信息相同 （2）要求2017年11月24日20：00之前送到目的地 （3）凭客户签字的运单作为回执		
结算	（1）结算方式：月结 （2）取货和送货费用为200元，无其他杂费		
投保	不投保		

托运单号	YD2017007030	客户编号	PHKH5637
托运人	宏科电子深圳有限公司 联系人：陈挺（经理） 联系电话：0755－6137×××× 地址：深圳市宝安区石岩料坑西门工业区D栋 邮编：518101		
包装方式	纸箱		

续　表

货物详情	货物名称：车载GPS 数量：500箱 总重量：750kg 总体积：$7m^3$
收货人	广州创天电子科技有限公司 联系人：李玉 联系电话：020—8750×××× 地址：广州经济技术开发区创业路3号同兴工业大厦A座4楼 邮编：510000
托运要求	(1) 要求上门取货和送货，取货地联系信息与托运人联系信息相同，送货地联系信息与收货人联系信息相同 (2) 要求2017年11月25日17：00之前送到目的地 (3) 凭客户签字的运单作为回执
结算	(1) 结算方式：现结 (2) 不收取送货费和取货费
投保	不投保

23日下午深圳市环宇物流公司调度部门安排信息员沈梅编制运单号为JH201702385的集货单，预计24日凌晨1：00完成集货，1：30开始装车，公司现有运力如下：

姓名	车牌号	联系方式	货厢尺寸（长×宽×高）(m^3)	车容(m^3)	核载(t)	车型	货厢类型	运作线路
李浩然	粤A7361×	1398867××××	4.2×1.8×1.9	12	3	普通	全厢	市内取货
周杰	粤B3755×	1594072××××	7.2×2.3×2.5	35	10	普通	全厢	市内取货
王磊	粤B9358×	1324768××××	4.2×1.8×1.9	15	7	普通	全厢	深圳—广州
徐龙	粤A4253×	1332744××××	7.2×2.3×2.5	35	10	普通	全厢	广州—深圳

选择合适的车辆于次日清晨5：00装车完毕后发车，预计到达广州时间为24日8：00，本次运输的排班编号为HY110279。

在此之前，广州市纯味进出口有限公司采购部门给仓储部门发送入库通知单，货物存放的库房为KF002库。

入库通知单						
入库通知单号：CW8307343 供应商：意大利索夫贸易有限公司 供应商编号：EUR02035 计划到货日期：2017 年 11 月 24 日						
序号	货品编号	货品名称	规格	单位	计划数量	备注
1	8307346－27	卡司诺三合一咖啡	150g×24 盒/箱	箱	200	
合计					200	
制单人：陈旭		审核人：王明		第 1 页 共 1 页		

2017 年 11 月 22 日上午，仓储部信息员陈琳为执行入库任务准备单号为 CRK110358 的入库单。由于该货物最近销售状况良好，本来分配的 A0201、A0301 两个空着的储位已经不够使用，仓库主管安排盘点该库房的全部库存量，经过盘点结果统计，以及与近期销量相结合，仓库主管邓鹏于 22 日安排 KF002 库房负责人王磊次日将 A0102、A0202 储位上的货物分别移到冯亮负责的 KF001 库房 C0203、C0204 储位存放，进行移库作业时王磊可调用电动叉车一辆，由周琼回单。信息员陈琳为移库准备移库单号为 CYK110215 的移库单。A0102、A0202 的货物信息如下：

储位	货品编号	货品名称	规格	单位	计划数量	备注
A0102	8307346－25	悠诗诗 108 精选速溶咖啡	100g×12 瓶/箱	箱	28	
A0202	8307346－35	悠诗诗 118 精选速溶咖啡	100g×12 瓶/箱	箱	50	

11 月 24 中午 11：00 仓管员齐飞又接到深圳市环宇物流公司送来的上述两种货物悠诗诗 108 精选速溶咖啡 40 箱 和悠诗诗 118 精选速溶咖啡 60 箱。悠诗诗 108 精选速溶咖啡的出货频率比悠诗诗 118 精选速溶咖啡出货频率高。现有食品 1 区四个储位，距离出库区由近到远顺序为 A0201、A0301、A0102、A0202，储位最大容量分别为 20 箱、20 箱、35 箱、35 箱。信息员陈琳按照商品出库频率从高到低的顺序，为入库任务（入

库单号：CRK110359）编制作业单号为 CFP110372 的储位分配单。

制单要求：

（1）请以广州市纯味进出口有限公司信息员陈琳的身份准备入库单。

（2）请以广州市纯味进出口有限公司信息员陈琳的身份为执行移库任务准备移库单。

（3）请以广州市纯味进出口有限公司信息员陈琳的身份为储位分配任务准备储位分配单。

（4）请以深圳市环宇物流公司信息员沈梅的身份填制集货单。

（5）请以广州市纯味进出口有限公司外贸部报检员孙晓单的身份填制入境货物报检单。

参考文献

［1］谢丽芳．物流单证制作实务［M］．上海：华东师范大学出版社，2014.

［2］许博．国际商务单证实务［M］．天津：南开大学出版社，2012.

［3］李秀华．国际物流单证实务［M］．北京：清华大学出版社，2011.